La Manipulation psychologique

Les techniques interdites susceptibles de manipuler, persuader, contrôler mentalement, et comment s'en protéger

Emory Green

TABLE DES MATIÈRES

INTRODUCTION

Il y a quelque chose qui vous a amené à ce livre. Il y a une raison pour laquelle vous êtes ici.

...La seule façon d'identifier cette impulsion est de comprendre qui vous êtes en tant que personne. Vous êtes arrivé là où vous êtes aujourd'hui grâce à un travail acharné, une bonne pratique et en ne négligeant aucun détail. Vous vous êtes construit une vie, n'est-ce pas ? Vous n'avez pas peur de faire des efforts. Vous avez un impact sur ceux qui vous entourent, et vous le savez ; cependant, il y a quelque chose que vous voulez encore savoir. C'est une démangeaison que vous devez gratter.

En tant que personne capable de résoudre des problèmes, de prendre des décisions et naturellement curieuse, vous espérez éclairer les coins sombres du comportement et des activités humaines, et je vous entends très bien. Vos hobbies sont une extension de vos passions ; ce sont eux qui vous motivent et vous définissent. C'est en creusant quelque chose, en cherchant et en découvrant le puzzle que vous restez actif. Vous vous êtes fixé ce défi, alors vous pouvez aller de l'avant.

Vous craignez peut-être que d'autres ne sapent vos réalisations et ne vous les enlèvent, vous laissant sans rien. Est-ce cela qui vous fait transpirer la nuit ? Suis-je proche ? Vous craignez de vous réveiller un jour et de découvrir que tout ce que vous avez construit a été sapé parce que vous n'avez pas gardé les yeux grands ouverts ; vous vous êtes dit que vous deviez rester vigilant face aux ennemis qui pourraient être autour de vous.

Par conséquent, vous voulez comprendre ce qui se cache juste sous la surface et dans l'obscurité du monde.

Y a-t-il certaines choses qui vous laissent perplexes ? Il y a certainement des gens et des forces qui exercent une domination que vous ne pouvez pas comprendre. Vous vous demandez : pourquoi ont-ils le pouvoir, le contrôle, l'argent et la sécurité ? Pourquoi semblent-ils avoir tout ce qu'ils veulent ? Les autres personnes sautent lorsqu'ils sifflent - qu'est-ce qui les a amenés à leur position de commandement ? Quels sont les jeux et les tours qu'ils ont joués et inventés ? Quel est le secret de leur art ?

Ces personnes sont des **manipulateurs**. Elles réalisent et réussissent, sans se soucier du bien-être des autres, et elles ont toujours un avantage sur les autres. Vous les voyez souvent, ce sont eux qui ont le sourire aux lèvres.

Mais comment font-ils ? Quel est leur secret ? Vous en avez assez d'être laissé à l'écart et vous voulez être au courant, car vous comprenez que c'est la seule façon de protéger votre entreprise, votre famille et votre sentiment de bien-être des influences extérieures.

C'est pourquoi vous avez pris ce livre.

Quels que soient vos antécédents, votre origine ethnique, votre identité, vos expériences ou votre carrière, vous avez fait les bons choix, ce qui mérite d'être salué. Allons de l'avant ensemble. Soyez assuré que je suis là pour vous fournir les détails et la perspective dont vous avez besoin.

Le problème est que la plupart des études psychologiques évitent souvent le sujet de la manipulation, notamment en raison de la controverse qu'il suscite. Le sujet peut toucher à la persuasion, à la coercition, à l'exploitation, à la servitude et au contrôle de l'esprit, qui sont tous des sujets sensibles - la manipulation est rarement utilisée comme une force du bien, et cela peut faire peur à lire ! Mais vous ne pouvez pas vous empêcher d'être fasciné, n'est-ce pas ? Moi, je ne peux pas. Comme vous, je refuse d'avoir peur de l'inconnu. Qui nous sommes en tant qu'espèce, ce que nous faisons et pourquoi, sont autant de sujets qui occupent mes pensées.

C'est pourquoi j'ai fait de la manipulation l'objet de mes recherches et que j'ai écrit ce livre. Il s'agit de la première partie d'une série approfondie sur la psychologie noire, dans laquelle j'examine de près la nature humaine et les traits de personnalité omniprésents : le bon, le mauvais et le laid. Ailleurs dans cette série, j'explorerai en profondeur le gaslighting, le chantage émotionnel, la persuasion noire et la programmation neuro-linguistique noire (PNL). Ici, nous allons examiner la manipulation sous ses nombreuses formes.

La **manipulation, c'est-à-dire le fait d'amener les** autres à faire des choses, est aussi vieille que le monde, et nous en parlons et écrivons depuis tout aussi longtemps. Le tout premier livre de la Bible nous montre Satan, sous les traits du serpent, utilisant la tentation pour des motifs ultérieurs. Les textes grecs et sanskrits de l'Antiquité mettent également en scène de manière explicite le lien entre la volonté et les personnes au pouvoir. Shakespeare a fait des études de cas poétiques sur les manipulateurs et la manipulation, et les dystopies modernes - les *cauchemars* orwelliens - *dressent* un tableau des fake news, de la propagande et de la déformation de l'information qui pourrait nous donner des frissons.

La manipulation est partout, et nous en faisons l'expérience tous les jours : sous la forme de communiqués de presse gouvernementaux, de campagnes politiques, de slogans publicitaires, et dans les demandes "subtiles" de faveurs de la part de proches, de collègues et d'inconnus. Souvent enveloppée de fiction et masquée par l'intrigue, la manipulation est un client sournois qui fonctionne mieux lorsque nous en sommes le moins conscients.

Ce livre vous donnera toutes les informations dont vous avez besoin pour y voir clair. La connaissance est le pouvoir, et tout a une explication ! La préparation est essentielle ; si vous voulez garder une longueur d'avance, vous devez savoir ce qui se passe dans le monde et être plus malin que les autres. Vous acceptez les autres - c'est dans votre ADN - mais cela ne veut pas dire que vous ne devez pas essayer de mieux comprendre les intentions des autres. Bien équipé, vous pouvez empêcher quiconque de profiter de vous, de sorte que vous ne serez pas une victime. Personne ne va vous escroquer, vous amener à faire quelque chose de préjudiciable à votre bien-être ou vous retenir. Il est essentiel que vous compreniez cela. La lecture des idées et des expériences présentées dans ce livre vous aidera à faire de vos ambitions une réalité.

Je travaille en tant que psychologue depuis plus de vingt ans. Au cours de cette période, j'ai également été consultant pour de grandes entreprises, offrant des conseils en matière de cognition, de comportement et de motivation. En tant que tel, j'ai été en contact avec des PDG et des chefs d'entreprise de premier plan, et j'ai rencontré plus que ma part d'esprits géniaux ! J'ai vu comment ils jouent le jeu - certains le jouent bien, d'autres mal, d'autres équitablement, d'autres encore moins bien. J'ai appris que les personnes les plus prospères, les plus admirées et les plus respectées ont toutes une connaissance approfondie de la manipulation ; c'est pourquoi je me suis fixé pour objectif de discuter de ce sujet avec elles, en étudiant les tactiques et les approches éthiques. Je veux maintenant vous faire part de ces secrets.

Mes idées, mes intérêts et mes connaissances ont aidé un large éventail d'associés, et leurs réalisations, leur gratitude et leur sentiment de sécurité témoignent de l'efficacité de mon approche. Une fois que vous aurez terminé la lecture de ce livre, vous serez également la preuve de son succès. Vous le verrez et le sentirez en vous, et les autres le sentiront aussi autour de vous.

Je peux vous faire cette promesse : je ne suis pas là uniquement pour satisfaire votre infomanie ou titiller votre curiosité. Je veux changer votre façon de penser, de vous comporter et de fonctionner, pour le mieux. Je tiens à éviter les hyperboles, le superflu et les affirmations grandioses et sans fondement, car ils n'ont pas leur place ici. Ce livre présente des faits. Avant tout, il répondra à un grand nombre de questions et d'incertitudes que vous pouvez avoir sur ce sujet, tout en fournissant une base solide des connaissances dont vous avez besoin pour progresser.

Équilibrant la science et les nouvelles théories radicales, ce livre vous donnera les outils dont vous avez besoin pour éviter les personnalités au noyau sombre avant qu'il ne soit trop tard. Il s'agit des types malveillants : ceux qui présentent un trouble de la personnalité narcissique, un trouble de la personnalité antisociale et un machiavélisme. J'explorerai ces caractéristiques plus en détail plus loin dans le livre. Pour l'instant, soyez prévenu : vous devrez vous tenir à l'écart de ces personnes. Je veux en tout cas vous aider à repérer rapidement les manipulateurs, de loin et de près. Vous apprendrez à identifier leurs méthodes, leurs arnaques et leurs techniques coercitives.

Préparez-vous à lire un aperçu fascinant des différentes facettes du comportement humain, en examinant le côté le plus sombre de la nature humaine. Je vous proposerai une nouvelle façon d'envisager la manipulation psychologique. Vous comprendrez mieux comment l'esprit humain fonctionne et comment il se défend, se protège et s'affirme.

C'est ainsi que vous serez en mesure de déjouer les plans des autres. Plus que ça, vous voulez participer à l'action, non ? Non pas comme un prédateur ou un tyran, mais pour utiliser ces stratégies de manière éthique. C'est ainsi que vous aiguiserez votre capacité à porter des jugements proactifs, ce qui renforcera votre sens du leadership. Vous contribuerez à la croissance de votre entreprise et à votre réussite personnelle en motivant et en inspirant les personnes qui vous entourent. Il s'agit de trouver le bon équilibre dans votre approche, et nous allons examiner de près comment cela est possible.

Vous n'avez pas à craindre cette part inconnue de la nature humaine qui se trouve dans l'ombre, et vous n'avez pas besoin d'être un Jedi de Star Wars pour vaincre le côté obscur ! Il existe des forces puissantes qui n'ont pas à cœur le bien du reste de l'humanité. Tu ne dois pas t'y rendre vulnérable.

En explorant toutes les facettes de la nature humaine - la lumière comme l'obscurité - nous pouvons mieux comprendre l'ensemble. C'est ainsi que l'on peut réaliser son potentiel. C'est ce que vous voulez, n'est-ce pas ? Vous voulez faire confiance à votre instinct et éviter de vous faire embobiner. Vous n'êtes le dupe de personne et vous vous sentez en sécurité de ce fait. Alors, allez de l'avant et mettez de côté votre ignorance. Soyez prêt à faire face à ce qui peut être inconfortable à apprendre mais qui vous aidera à acquérir une vie meilleure et plus intelligente. C'est la raison pour laquelle vous êtes en train de lire mon livre.

Vous appréciez ce livre jusqu'à présent ? N'oubliez pas de vous rendre au bas de ce livre pour découvrir une ressource gratuite de taille réduite, mais précieuse, sur l'hypnose conversationnelle. Ce mini-livre électronique est le moyen le plus simple d'apprendre à devenir un hypnotiseur conversationnel efficace. Vous êtes curieux de voir les bénéfices que cela peut apporter à vos conversations quotidiennes ? Obtenez votre exemplaire dès maintenant ! Cette ressource gratuite n'est disponible que pour une durée limitée.

La zone grise - Dynamique de manipulation

Bienvenue au chapitre 1, dans lequel je vais vous emmener dans un territoire très sombre. Attendez-vous à ce que vos yeux soient grands ouverts. Si nous voulons comprendre ce sujet, nous devons commencer par comprendre ce qui définit et constitue un domaine aussi complexe du comportement social. Je vous guiderai à travers ce sujet avec soin et étape par étape afin que vous puissiez avoir une compréhension meilleure et plus complète.

Un point de départ : Qu'est-ce que la manipulation psychologique ?

Je suis convaincu que non seulement nous avons tous été manipulés à des moments fréquents de notre vie, mais que nous avons également tous été responsables, dans une certaine mesure, de la manipulation d'autres personnes, que ce soit de manière innocente ou non. Par essence, la manipulation consiste à convaincre psychologiquement quelqu'un d'autre de ressentir une certaine chose ou de faire quelque chose. Quel est exactement ce désir ? Les raisons de la manipulation peuvent être nombreuses : la convoitise du pouvoir, des ressources, de l'argent ou de "quelque chose en plus" sont toutes des raisons valables. La manipulation est peut-être liée au statut social : il s'agit de renforcer sa propre estime de soi et d'influencer une personne en limitant son autonomie. Il peut être motivé par la paresse - un manque de volonté de faire le travail - ou par le désir d'une force supplémentaire. Il peut s'agir d'un désir de contrôle ou de gratification. En fin de compte, c'est une question de *gain*.

Il peut certainement prendre de nombreuses formes différentes, que ce soit.. :

- Sexuel
- Commercial
- Politique
- Financier
- Social
- Emotionnel

Ne pensez pas un instant que la manipulation est toujours voyante et agressive ; dans la plupart des cas, elle ne l'est pas. Elle peut être subtile, insidieuse, discrètement persuasive et, souvent, sournoise. Dans ces circonstances, vous ne vous êtes peut-être même pas rendu compte que vous en étiez victime. Parfois, vous avez été mis au pied du mur de façon si nette que vous pouvez même croire que c'est la seule option qui s'offre à vous.

L'art de la manipulation dans le monde d'aujourd'hui

Les techniques et les effets de la manipulation sont intemporels et existent depuis le début de l'humanité. Cependant, elle est devenue particulièrement exploitable au cours des vingt dernières années, et ce à bien des égards. Je souhaite vous permettre de mieux comprendre comment le jeu psychologique opère dans le monde qui vous entoure, et vous faire prendre conscience de son omniprésence.

1. Nous entendons souvent dire que nous vivons dans une culture de consommation, et vous pouvez considérer cela comme une bonne chose ou comme le front de tous les maux. Si je devais approfondir ce sujet, nous aurions un tout nouveau livre. Quoi qu'il en soit, le capitalisme occidental s'est certainement construit sur le dos de la **dépendance, c'**est-à-dire sur l'idée que les produits sont essentiellement des drogues, qu'il s'agisse de la dernière émission de télévision, de la dernière chanson ou du dernier film, de la dernière mise à jour de logiciel, de la mise à niveau du produit, de la tendance en matière

de parfum ou de la dernière paire de baskets. Ils procurent une satis-faction rapide, qui peut s'user et nécessiter un remplacement. La du-rée d'attention ne dure pas longtemps, d'où ce besoin d'innovation. Par conséquent, le consommateur est encouragé à rechercher un sti-mulus constant sous la forme de mises à jour. Sans ce stimulus, l'éco-nomie s'effondre, ce qu'aucun d'entre nous ne souhaite. En tant que tel, ce système est ouvert aux abus, et les anticapitalistes nous diront certainement que la société n'est qu'une grande entité qui fait tourner l'argent, jouant sur nos faiblesses, des machines à sous au dernier iPhone. Nous avons été encouragés à devenir des accros de la dé-pense pour maintenir notre mode de vie à flot.

2. Au centre de ce système mondial se trouve le *marketing* ; là encore, c'est le sujet d'un livre à part entière. Le principal aspect de la mani-pulation dans ce domaine est la **publicité**. En un mot, son art - sa raison d'être - consiste à persuader les gens d'acheter ou de faire quelque chose. Souvent, cette personne est persuadée alors qu'elle n'a même pas identifié de besoin. Dans un monde en constante évo-lution, peuplé de nouveaux produits, la seule constante est que les entreprises essaient toujours de nous faire acheter leurs produits. Les agences de marketing conçoivent chaque année de nombreux strata-gèmes pour inciter les consommateurs à acheter un produit ou un service afin de protéger leurs intérêts. Ce ne sont que des faits - la manipulation est un phénomène courant. On nous donne des logos à reconnaître, des thèmes et des airs à fredonner et des slogans à répé-ter. Toutes ces tactiques publicitaires font appel à nos vanités, à notre perception de nous-mêmes, à nos espoirs et à notre bien-être émo-tionnel.

3. Les **médias sociaux** sont un sujet brûlant en matière de manipula-tion psychologique. Ils peuvent sembler amusants et présenter de nombreux avantages, mais en tant que parent d'adolescents, je peux affirmer que tout l'environnement est construit autour de la manipu-lation. Le comportement de la foule, ce que l'on doit dire, lire, regar-der, ressembler, où manger ou partir en vacances, tout cela nous est

présenté comme jamais auparavant. Autrefois, il y avait les magazines à potins et les discussions sur les dernières tendances au sein
des cercles sociaux ; aujourd'hui, cette influence est *instantanée*.
Notre envie, notre admiration et nos aspirations sont encouragées par
des "likes", des émoticônes et des commentaires. Ce que nous
voyons est considéré comme cool et désirable, et ne pas avoir les
mêmes choses que les autres est considéré comme un grave échec.
Si nous n'arrivons pas à suivre nos séries et nos notifications, nous
sommes grillés. Dans un monde occupé, les médias sociaux peuvent
devenir notre ami le plus proche, nous permettant de nous connecter
à n'importe quelle heure de la journée... ou de plusieurs heures de la
journée. Il est tout à fait naturel que nous soyons guidés par ce que
les médias sociaux ont à dire.

4. Si nous regardons une certaine chaîne d'information ou lisons un cer-
    tain média, ses opinions peuvent finir par devenir les nôtres. Il existe
    une telle quantité d'informations, ainsi que divers diffuseurs et
    sources d'information, que nous ne pouvons espérer les écouter tous.
    Par conséquent, nous nous concentrons sur un seul média et, au bout
    d'un certain temps, nous pouvons constater que nos opinions poli-
    tiques/éthiques sont formées par quelqu'un d'autre pour nous. Peut-
    être qu'avec tout ce qui se passe, nous voulons secrètement qu'on
    nous dise quoi penser, qu'on nous dise ce qui est bien ou mal. Nous
    n'appelons pas cela l'**abrutissement**, mais c'est ce que c'est au fond.

5. La montée des "**fake news**" **a fait l'objet de** nombreuses discussions
    récemment. Au-delà de l'objectivité - ou de son absence - un bon
    mème peut avoir des répercussions durables sur la société. Internet
    est certainement plus difficile à contrôler que les organes d'informa-
    tion plus traditionnels, sur papier. Une étude récente sur les élections
    britanniques de décembre 2019 a révélé que 88 % des publicités en
    ligne d'un parti particulier étaient fausses ou trompeuses. L'idée
    n'était pas importante, mais l'effet final était le but. Par conséquent,
    les électeurs - volontairement et involontairement - se sont laissés
    laver le cerveau, ce qui est la définition du contrôle mental !

6. Je veux aussi mentionner le **photoshopping**. Qui n'a pas modifié l'éclairage d'une photo pour obtenir l'effet exact qu'on voulait ? C'est un truc innocent, non ? Peut-être, mais nous manipulons *littéralement l'*image que nous donnons de nous-mêmes. Le fait de ne pas présenter son vrai visage a des conséquences sur la santé mentale. De plus, si les photos peuvent être trafiquées, qui peut dire avec certitude ce qu'est la réalité ? Nos opinions, notre bien-être et notre sécurité sont tous ouverts à l'exploitation à une échelle plus grande que jamais.

7. Nous avons tous besoin d'argent pour survivre. Nous avons tous des factures à payer et des biens à acheter pour nous en sortir. Certains d'entre nous peuvent se retrouver dans des situations où ils essaient d'accepter n'importe quel travail pour garder la tête hors de l'eau. Les droits syndicaux et du travail ne sont pas universels, et les bas salaires et les contrats à durée indéterminée peuvent se combiner pour exploiter les travailleurs. Si l'on nous demande de faire un petit extra, qui, par crainte d'être licencié et de perdre son emploi, ose se plaindre ? Ce problème n'est pas nouveau. Grâce aux manipulations du **marché mondial**, des produits et des services peuvent être fabriqués et fournis pour presque rien dans une partie du monde, puis vendus à un tarif plus élevé dans une autre. Notre stabilité économique, sans parler des espoirs d'égalité et d'équité, est sujette à de graves abus.

8. On a beaucoup parlé récemment du **grooming**, qui peut techniquement faire référence à n'importe qui et à n'importe quelle situation, mais qui concerne généralement les enfants ciblés en ligne par des pédophiles se faisant passer pour d'autres enfants. Il peut aussi, bien sûr, prendre la forme d'e-mails ou d'appels de "vendeurs". La victime est ciblée et une connexion émotionnelle subtile est établie. Le grooming est une forme moderne et particulièrement désagréable de duperie. Le terrain est préparé à l'avance, la marque est beurrée avant qu'une proposition soit faite, et l'avantage est pris pour atteindre le but final.

Vous pouvez reconnaître certaines ou aucune des formes de manipulation ci-dessus, mais laissez-moi vous assurer qu'elles sont toutes prolifiques. J'espère que vous réalisez maintenant que, au sens figuré, la manipulation est dans l'air que nous respirons. Les manipulateurs nous entourent et marchent au milieu de nous, souvent sans que nous le sachions.

Comment les pièges sont posés

Certaines techniques de manipulation sont ouvertes, par exemple lorsqu'un ami nous demande carrément de l'accompagner à une soirée et de l'emmener en voiture, alors que nous avons d'autres engagements. Dans ce cas, nous pouvons être heureux de suivre le mouvement. Dans cette situation, il se peut que nous ayons été amenés à conduire quelqu'un à un événement auquel nous n'avons pas particulièrement envie d'aller, mais notre ami a été honnête à ce sujet, et ce sera amusant... n'est-ce pas ?

D'autres tactiques sont exprimées par des moyens sournois et trompeurs. Par exemple, si votre ami ne vous dit pas franchement qu'il veut cette voiture, mais qu'il compte quand même sur elle : *Viens, pourquoi pas ?* et *Tu vas adorer* se transforment en *Comment vas-tu y aller ?* et *Ma voiture est en réparation. Je pense que je vais devoir manquer cette fête.* Tu vois ce qu'ils ont fait là ? Ils vous ont fait vous engager et vous ont enthousiasmé pour quelque chose. Puis, ils vous demandent une faveur sans *vraiment* vous la demander - ils vous font sentir mal à l'idée que vous puissiez *ne pas* la faire. Ils se sont joués de vous, en vous orientant dans la direction qu'ils voulaient que vous preniez.

Ce genre de techniques sournoises peut souvent faire intervenir des jeux de pouvoir. *Si vous ne le faites pas, cela signifie que vous ne m'aimez pas* ou, dans un contexte professionnel, que vous *me laissez tomber avec ça et que je n'ai pas d'autre choix que de penser que vous ne prenez pas ce travail au sérieux.* Quelqu'un vous a-t-il déjà dit ce genre d'intimidation à l'envers, ou l'avez-vous entendu dire à d'autres personnes de votre entourage ? En substance, ce type de langage oblige la personne à faire quelque chose qui la met mal à l'aise parce qu'elle s'inquiète des conséquences potentielles ; on lui fait craindre des répercussions. En d'autres termes, elle est manipulée.

Peut-être certaines personnes voient-elles une faiblesse ou une "ouverture" chez les autres, et agissent-elles délibérément en conséquence. Sinon, elles sentent une vulnérabilité subliminale et ne peuvent s'empêcher d'y répondre.

Cependant, n'oubliez pas que ce chapitre s'intitule "La zone grise" et que l'exemple suivant illustre bien ce que je veux dire. Votre mère prépare d'excellents gâteaux et fait tout pour vous rendre heureux. Vous n'en êtes pas forcément conscient, mais elle fait partie de ces femmes au foyer naturelles qui font toujours passer les autres en premier. Que vous vous sentiez déprimé après une rupture ou que vous ayez simplement faim, où allez-vous ? Au ranch, bien sûr, pour la bonne cuisine de maman ! L'avez-vous manipulée pour qu'elle vous fournisse la couverture de confort émotionnelle et pratique que vous voulez ? *Peut-être*. Mais aussi, *peut-être* pas. Peut-être que cela l'ennuie secrètement et qu'elle se sent épuisée, mais il se peut aussi qu'elle retire plus de cette relation que vous ne l'imaginez - à savoir, peut-être le sentiment d'être utile et importante dans la vie de son enfant. C'est ce que je veux dire par l'existence d'une zone grise dans la manipulation.

Une perspective philosophique

Allen W. Wood, professeur de philosophie très respecté et publié, fait référence aux différents aspects de la manipulation comme étant moralement problématiques. Toutefois, comme je l'ai déjà évoqué, certains affirment que toutes les formes de manipulation ne sont pas mauvaises. Nous ne devons pas toujours supposer le pire ou qu'une situation est entièrement négative. Comme je l'ai dit, quelles que soient les intentions du manipulateur, un gain mutuel peut parfois résulter de ces arrangements. Si tel est le cas, y a-t-il réellement une perte ? L'acte de manipulation doit-il être entièrement diabolisé ?

J'examinerai ce sujet, et la notion d'éthique, plus en détail au chapitre 8. Pour l'instant, je veux vous aider à comprendre certains des arguments philosophiques et psychologiques concernant la manipulation.

On me demande souvent si les manipulateurs agissent délibérément ou si leur manipulation se fait inconsciemment sans qu'ils s'en rendent compte. Prenons l'exemple de cet ami dont j'ai parlé plus tôt, qui vous a proposé de vous accompagner à une soirée, puis qui a eu besoin d'un chauffeur. Est-ce qu'il vous manipule encore, même s'il ne l'a pas fait exprès ? Que se passerait-il s'il vous demandait de l'accompagner sans penser à la façon dont il se rendrait sur place, ou s'il mentionnait ses propres problèmes de transport sans avoir l'intention de profiter de votre générosité ? Dans ce cas, Marcia Baron, professeur de philosophie Rudy à l'université d'Indiana, pose une question importante : faut-il une intention consciente pour qu'il y ait manipulation ? Ce sujet a été constamment débattu, et les seules réponses que nous ayons sont subjectives, éthiques et philosophiques (non concrètes).

En effet, parmi d'autres perspectives, la manipulation pourrait n'être qu'une question de gestion et de motivation efficaces des personnes. Tous les patrons, parents et enseignants pourraient être considérés comme des manipulateurs sous un angle particulier, car une bonne gestion et la persuasion sont essentielles dans ces cas-là. Certains manipulateurs, naturellement, sont plus positifs que d'autres, comme vous en avez probablement fait l'expérience. L'abus de position est courant ; toutefois, dépassons un instant le côté négatif.

Dans des relations saines et constructives, nous nous influençons mutuellement en permanence, qu'il s'agisse de choix de mode de vie ou de bons livres à lire. La négociation et le débat sont le carburant de l'interaction sociale ; le compromis et l'écoute des autres peuvent nous aider à nous épanouir en tant qu'êtres humains. Les régimes visent également à nous améliorer, alors ne faisons pas nécessairement un méchant des entreprises qui tentent de nous promouvoir une alimentation riche en vitamines et leurs produits. Qu'en est-il des organisations caritatives ou des ONG qui utilisent leurs talents de persuasion pour nous alerter sur une certaine situation et demander notre aide ? Il y a aussi la question d'un enfant qui fait une crise de colère destructrice ou d'une personne dépressive qui envisage le suicide. Sortir cette personne de cet état d'esprit et la convaincre d'un point de vue différent - la manipuler - est évidemment une bonne chose à faire. Dans ces cas, on pourrait dire que ce qui est perdu (le libre arbitre) est plus important que ce qui est gagné.

Nous aborderons plus tard, au chapitre trois, l'archi manipulateur Niccolò Machiavelli. Homme de la Renaissance par définition - philosophe, diplomate, écrivain, polyamoureux et pragmatiste de l'Italie du XVe siècle au XVIe siècle - on pouvait toujours compter sur lui pour inventer une phrase et défendre une action. Bien qu'il n'ait jamais dit que *la fin justifie les moyens*, il a épousé cette philosophie. L'expression se résume à dire que quelles que soient les techniques ou les voies empruntées pour obtenir ce que l'on veut, elles sont toutes acceptables dans la poursuite de cet objectif. Bien que suffisamment célèbre pour que ses diverses philosophies soient encore suivies aujourd'hui, il était plus infâme que célèbre, avec ses propres intérêts à cœur. Ses paroles s'appliquent généralement à des affaires d'État louches et sont rarement utilisées comme un compliment. Pourtant, ce dont il parle, c'est du **conséquentialisme**. Il y a près de 2 000 ans, l'homme politique grec Démosthène a résumé ce terme de façon très claire : *Chaque avantage du passé est jugé à la lumière de l'enjeu final.* Par conséquent, il est permis de manipuler quelqu'un si l'objectif est (vraisemblablement) bon et/ou si la personne en bénéficie d'une manière ou d'une autre.

Le philosophe allemand du 18e siècle, Emmanuel Kant, ne serait pas d'accord. Tout au long de ses écrits, il a clairement indiqué que les personnes ne devaient pas être utilisées comme un moyen d'atteindre les objectifs d'autres personnes, même si ces intentions sont considérées comme bonnes, nobles ou dans l'intérêt de la majorité. Aucune mauvaise action n'est excusable. Il croyait en un principe suprême de moralité, connu sous le nom d'impératif catégorique. Nous avons le devoir moral de faire le bien et devons le poursuivre de manière éthique à tout moment.

Là où cela pose problème, c'est la manière dont la moralité fonctionne au niveau individuel. Existe-t-il un bien ou un mal sans équivoque ? Il est facile de comprendre pourquoi la plupart des gens diraient que le fait de faire pression sur un toxicomane, de le tenter, de le tromper, de l'exploiter et de le contraindre à cesser de prendre des drogues mortelles est une forme morale de manipulation, mais tout le monde serait-il d'accord ? Inversons légèrement la situation : un patient a besoin de médicaments et de transfusions sanguines pour survivre ; cependant, sa religion lui dit que l'utilisation de ces moyens est moralement inacceptable. Supposons que vous soyez médecin et que vous ayez une vision religieuse différente. Quel niveau de manipulation et de persuasion est autorisé pour garantir la survie du patient ? Démosthène aurait pu être tenté de dire n'importe quel niveau. Kant serait plus enclin à dire *"pas du tout"*.

La complication ici est que personne n'est jamais d'accord sur le sujet philosophique de la moralité. Une manipulation bien intentionnée d'un côté peut apparaître comme une intimidation égoïste de l'autre. Pour que l'une des parties change d'avis, l'autre devra peut-être user d'encore plus de persuasion.

Dans l'Athènes antique, il existait une population de professeurs connus sous le nom de **sophistes**. On pouvait les engager pour parler en votre nom dans des affaires juridiques ou vous instruire dans l'art de bien parler. L'accent n'était pas nécessairement mis sur la véracité de ce qui *était* dit, mais sur la manière de *le* dire. Socrate, le "père" de la philosophie occidentale, détestait ses contemporains, les sophistes, parce qu'ils cherchaient à gagner un argument au détriment de tout le reste. Ils manipulaient l'opinion des gens afin d'être considérés comme corrects. De tout temps, les avocats et les hommes politiques ont utilisé cette approche - des techniques de persuasion connues sous le nom de **rhétorique**. Aujourd'hui, nous appelons ces tactiques - la rhétorique - des arguments astucieux mais faux, conçus pour impressionner les autres afin d'obtenir ce que nous voulons.

Nous méprisons nos adversaires lorsqu'ils utilisent la rhétorique, mais nous applaudissons lorsque nos héros le font. Le Premier ministre britannique de la guerre, Winston Churchill, était un grand orateur. Malgré de nombreux échecs professionnels et un certain nombre de fautes personnelles considérables, il est considéré comme un homme d'État en raison de son approche pondérée et de son attitude énergique face au fascisme et à l'invasion nazie. Il a renversé le courant populaire, rallié une alliance et utilisé ses talents verbaux pour maintenir la démocratie en vie. De nos jours, il est tentant de dire que cette compétence orale est une astuce d'exploitation galvaudée ; elle peut tomber entre les mains de démagogues qui espèrent attiser les préjugés pour faire avancer leurs propres désirs.

Le psychologue et sociologue français Gustave Le Bon, écrivant vers la fin du 19e siècle, a analysé la dynamique de la révolution française de 1789 comme une forme de manipulation des foules et de propagande. Sa *psychologie de la foule* suggère sans équivoque que si vous répétez un message accrocheur suffisamment de fois, que vous persuadez les personnes influentes d'épouser votre cause et que vous répétez le même message pour vous-même, les gens en général le défendront en masse. Cette idée peut bien sûr être désabusée, car elle peut conduire à une manipulation généralisée. À l'ère moderne, il semble impossible d'y échapper, et j'imagine que Le Bon aurait beaucoup à dire sur la capacité de la publicité et des médias sociaux à déformer la réalité.

Dans ces termes, comment pouvons-nous distinguer le bien du mal ? Comment pouvons-nous même comprendre notre propre esprit ? Nous sommes constamment manipulés, sans même nous en rendre compte. Aucune des informations que nous recevons, des nouvelles que nous entendons, des ragots que nous recueillons ou de l'histoire que nous avons apprise ne reflète la vérité, mais seulement une version de celle-ci. En fait, nous sommes continuellement conditionnés - et affaiblis - par les opinions subjectives des autres. Nous sommes des proies faciles, et tout le monde ne nous veut pas du bien.

CHAPITRE DEUX :

Bienvenue du côté obscur

Êtes-vous prêt à explorer les aspects les plus désagréables de la nature humaine ? Dans le chapitre précédent, nous avons abordé la dynamique de la manipulation. Je voudrais maintenant examiner ce qui pousse certaines personnes à abuser de la confiance, du bien-être et de la sécurité d'autrui. Pour ce faire, nous devons bien comprendre un domaine de la psychologie qui n'est pas à prendre à la légère.

Le voyage commence : Qu'est-ce que la psychologie noire ?

Qu'est-ce qui rend certaines personnes mauvaises ? C'est une discussion qui obsède la philosophie et la psychologie sociale, et ce depuis la nuit des temps.

Vous entendrez certaines personnes dire que tel ou tel enfant a toujours été destiné à être pourri. Autrefois, ma grand-mère montrait souvent du doigt un enfant du quartier et disait : "*Crois-moi, chérie, il sera mauvais*". Ce genre de pensée résume la croyance selon laquelle certaines personnes sont simplement nées mauvaises.

Dans son ouvrage dystopique *Minority Report*, qui a ensuite été adapté au cinéma avec Tom Cruise, Philip K. Dick se penche sur les caractéristiques psychologiques des criminels. L'histoire explore le principe selon lequel les crimes peuvent être prévus avant qu'ils ne se produisent, ce qui implique que certaines personnes sont prédisposées à les commettre. De nos jours, la science suggère que certains déséquilibres chimiques peuvent motiver un comportement antisocial - alors, est-ce vraiment dans les gènes ? Si oui, est-ce incurable ? Dans quelle mesure les facteurs sociaux jouent-ils un rôle ?

Arber Tasimi aborde cette question de front. Diplômé postdoctoral du département de psychologie de l'université de Stanford, sur le point d'occuper un poste de professeur adjoint de psychologie à l'université Emory d'Atlanta, en Géorgie, il s'est spécialisé dans l'étude du penchant moral des bébés. Il s'est posé la question suivante : à quel âge commençons-nous à comprendre l'idée du bien et du mal avant que le langage, la culture et les facteurs sociaux n'aient un impact ? En substance, ses études portent sur la recherche de valeurs fondamentales.

Tasimi a effectué une série de tests avec des nourrissons de 13 mois pour voir si une attirance pour le mal pouvait être identifiée chez eux. Ses études consistaient à utiliser des marionnettes pour jouer des histoires avec un personnage clairement bon et un personnage clairement mauvais. Après le spectacle, les marionnettes morales et les marionnettes méchantes offraient un biscuit aux enfants. Tasimi s'est intéressé aux tendances de la préférence des enfants pour le biscuit qu'ils avaient choisi. Fondamentalement, il s'est demandé s'ils étaient influencés par le bien ou le mal ; vers quoi gravitaient-ils ? Il a prévu de pousser cette étude un peu plus loin et d'introduire des marionnettes avec des nuances de gris ; en d'autres termes, ces personnages "moins mauvais" reçoivent-ils une préférence particulière de la part des enfants qui, auparavant, ne préféraient que la bonne marionnette ? Cette étape supplémentaire permet de découvrir si les enfants peuvent faire la différence entre différents degrés de méfaits.

Le Dr Delroy Paulhus, professeur de psychologie à l'université de Colombie-Britannique à Vancouver, s'est donné pour mission de s'attaquer au sujet des échelles de méchanceté. Il refuse d'accepter qu'il n'y ait toujours que du *bon d'*un côté et du *mauvais de l'autre*. Fasciné par le "mal quotidien", il pense qu'il y a beaucoup de gris entre les deux. Dans le cadre de ses recherches approfondies sur le sujet, il a entrepris toute une série de tests psychologiques pour déterminer la propension d'un individu à blesser ou à exploiter les autres. Son objectif était de renforcer sa compréhension des caractéristiques de la personnalité sombre de différentes personnes - égoïsme, machiavélisme, désengagement moral, narcissisme, droit psychologique, psychopathie, sadisme, intérêt personnel et méchanceté.

Ses résultats l'ont amené à conclure qu'il existe probablement un spectre qui couvre différents niveaux d'inclinaison vers le mauvais comportement, et que nous nous situons tous quelque part sur ce spectre.

Cette recherche part du principe que nous sommes *tous* potentiellement capables de violence, de méchanceté, de mal et de déviance. Certains peuvent tendre vers l'obscurité, d'autres vers la lumière, mais nous pouvons être bons et mauvais à la fois. Il existe une dichotomie dans nos esprits, nos esprits et nos cœurs. À bien des égards, le dernier opus de la franchise Star Wars, *The Rise of Skywalker,* aborde exactement cette question ! Pour expliquer : le film s'intéresse à la lutte entre les impulsions bénignes et malveillantes dans la psychologie d'un individu. Il examine comment nous essayons d'éviter la tentation et de faire de bonnes actions, mais comment nous finissons toujours par être séduits par des désirs égocentriques.

La psychologie noire fait le même travail et pose les mêmes questions, mais de manière plus académique. Essentiellement, elle s'intéresse à l'étude approfondie de cette bataille interne. Elle pose des questions essentielles telles que : *pourquoi certaines personnes prennent-elles plaisir à être cruelles et à mettre les autres mal à l'aise ? Pourquoi adoptent-ils des comportements antisociaux ?* Au fond, il cherche à comprendre pourquoi certaines personnes sont enclines à s'en prendre aux autres.

Les anthropologues soutiendraient que la capacité à être un prédateur est inscrite dans notre ADN depuis la nuit des temps. Sinon, comment aurions-nous pu survivre dans les plaines rocheuses ? Nous chassions d'autres animaux, si bien que l'idée de considérer d'autres créatures comme des proies est devenue naturelle. Nous portons encore cette idée dans notre sang, mais maintenant que nous sommes en sécurité au sommet de la chaîne alimentaire avec une nourriture toute prête, ces impulsions ont faim d'autres moyens d'expression. Ainsi, nous avons tendance à avoir *envie* de prier les uns sur les autres, non pas comme une source de nourriture, mais comme une exigence pour satisfaire un besoin psychologique.

Cette empreinte génétique historique que nous partageons tous est la raison pour laquelle divers individus de toutes les cultures et sociétés ont tendance à victimiser d'autres personnes. Naturellement, la plupart d'entre nous ne passent pas à l'acte - sinon, il y aurait probablement un désordre civil et une anarchie totale - mais certains nourrissent leurs pulsions, en font leur passe-temps ou, dans certains cas, presque une occupation.

Le roman terrifiant de Bret Easton Ellis, *American Psycho, qui a* ensuite été porté à l'écran, explore dans des détails sanglants comment certaines personnes peuvent développer un véritable goût et une addiction pour infliger de la douleur aux autres. Ce goût se transforme en tendances psychopathiques irrépressibles, et l'individu peut devenir déterminé à détruire les autres. Cependant, il ne faut pas croire que c'est le cas pour toutes les personnes qui agissent selon leurs sombres instincts ; il n'y a pas toujours un contexte physique à ces impulsions. Nous ne parlons pas toujours d'abus sexuel ou de meurtre lorsque nous faisons référence aux prédateurs humains. Ce comportement criminel peut également se manifester en termes moins sanglants de tricherie, de tromperie et d'exploitation, comme nous le verrons dans les chapitres suivants.

Dans la plupart des cas, selon les principes directeurs de la psychologie noire, le comportement abusif a un but ou un objectif distinct en tête. Cependant, des études ont montré que tous les prédateurs n'ont peut-être pas une raison spécifique de faire ce qu'ils font, comme le pouvoir, le gain matériel, la vengeance ou la satisfaction sexuelle. Il existe un petit pourcentage d'individus qui agissent de manière manipulatrice juste pour le plaisir, et il se peut qu'il n'y ait pas de cause, d'explication ou de but spécifique à leurs actions. Nous approfondirons cette idée au chapitre 6, lorsque nous aborderons Iago et Othello de Shakespeare. La question clé qu'il faut se poser est la suivante : les manipulateurs ont-ils une déconnexion essentielle du monde qui les entoure ? Agissent-ils comme ils le font en raison d'un manque d'empathie ou d'une incapacité à comprendre la gravité de leurs actions sur le bien-être des autres ?

Nous examinerons plus en détail toutes les personnalités sombres mentionnées dans le prochain chapitre. Nous verrons ce qui pousse différentes personnes à se nourrir de violence, de perversion, d'humiliation et de méchanceté à un niveau fatal. Pour l'instant, nous pouvons dire que la psychologie noire cherche à comprendre cet abîme au sein de certains individus.

Le bien et le mal - Révéler le pire de la nature humaine

Je souhaite partager avec vous deux études qui traitent de la position d'un individu par rapport à la moralité, notamment en termes d'inclinaison vers le bien et le mal. Elles vous aideront à mieux saisir la complexité du sujet que nous explorons.

1) *Le **mal radical***. J'ai mentionné le philosophe allemand Emmanuel Kant au premier chapitre, et sa croyance en l'intégrité morale. Nous allons maintenant approfondir un peu plus sa pensée. Dans les deux premiers chapitres de son ouvrage *Religion within the Boundaries of Mere Reason*, publié en 1793, il décrit en détail ce qui, selon lui, constitue le mal. Il observe que l'obéissance à la loi morale n'est pas automatique, même si nous sommes tous nés avec une prédisposition au bien, et il affirme que cette prédisposition peut faiblir.

Il croit que nous avons trois aspects fondamentaux de ce que nous sommes en tant que personne. Ces aspects sont :

A. La **personnalité**, qui est alimentée par la pensée rationnelle, la compréhension et la raison.

B. L'**animalité**, qui constitue notre pulsion sexuelle, nos instincts de survie, la préservation de soi et les compétences sociales. Il reconnaissait que cet aspect de notre être pouvait souvent être dégradé honteusement par la luxure ou l'appétit, mais il n'y voyait pas nécessairement une raison de notre perte.

C. L'**humanité**, qui est animée par une pulsion de calcul, d'ambition et de comparaison.

Selon Kant, le mal survient lorsque ce principe de base est corrompu parce que l'égoïsme, la compétitivité et l'amour de soi ont prospéré. Il a fait remarquer que l'amour-propre n'était pas nécessairement une mauvaise chose lorsqu'il était lié au souci de notre bien-être, mais qu'il pouvait conduire à l'arrogance lorsque les désirs égoïstes dominent.

Le terreau de ce principe corrompu est la société en général, dans laquelle nous voyons de près d'autres personnes qui semblent s'en sortir beaucoup mieux que nous. Une fois que cet aspect fondamental de notre être est infecté - ce qui, selon Kant, est à la fois un *choix* auto-infligé et une *impulsion* innée en nous -, nous commençons à ne plus vouloir suivre les codes moraux et finissons par ne plus y arriver.

Ce penchant à se défendre corrompt tous les autres comportements et conduit à la dépravation, où les préférences d'un individu deviennent primordiales et où il utilise les autres comme des marionnettes au service de ses désirs. C'est la source de tous les autres méfaits et, en tant que telle, elle est qualifiée de **mal radical**. Sous l'effet de ce penchant, le caractère entier d'une personne finit par être souillé. Pour Kant, il n'existe pas d'échelle mobile : une personne est soit entièrement bonne, soit entièrement mauvaise.

Il a cependant offert un certain espoir. Kant a affirmé sans équivoque que chaque individu est responsable de son propre péché. Cette affirmation s'oppose à la croyance catholique, communément admise, selon laquelle le péché originel est omniprésent - il a été infligé à l'ensemble de l'humanité par Adam et Eve - et à la pensée plus prédéterminée de certains collègues protestants de Kant, qui affirmaient que Dieu avait déjà réservé certaines âmes au salut et d'autres à la damnation.

Kant croyait que le mal pouvait être inversé, et il appelait les individus corrompus à subir une révolution. Cette révolution, en termes simples, consiste en un changement significatif du cœur de l'individu vers la vertu et en une restructuration complète des priorités par le biais d'efforts appliqués et d'une persistance engagée. En théorie, ces pratiques devaient permettre de réformer le caractère.

Sa philosophie offre la possibilité de choisir d'être bon. Les personnes de bonne moralité peuvent choisir la sainteté comme maxime directrice. Toutes leurs actions, leurs pensées et leurs relations seraient alors régies par ce principe et y resteraient conformes. Cela permet d'éliminer le vice et d'empêcher un individu de retomber dans ses vieilles et mauvaises habitudes.

Kant espérait et croyait fermement que nous pourrions tous agir en tant qu'agents moraux dans le cadre d'un commonwealth éthique du royaume de Dieu sur terre. Ce changement était sa solution pour combattre l'obscurité.

2) Le facteur D est un autre concept qui s'attaque à cette inclination à manipuler les autres et à faire le mal. En octobre 2018, Ingo Zettler, professeur de psychologie à l'université de Copenhague, et ses collègues allemands Morten Moshagen de l'université d'Ulm et Benjamin E. Hilbig de l'université de Coblence-Landau ont publié leurs recherches sur ce sujet dans la revue Psychological Review.

Leurs conclusions permettent de déterminer ce qui se cache derrière les impulsions sombres : la capacité d'un individu à faire le mal. Les chercheurs ont inventé l'expression **"facteur sombre de la personnalité"**, ou **D**. Elle s'inspire des travaux du psychologue anglais Charles Spearman, qui a étayé ses travaux par des analyses statistiques de grande envergure. En 1904, il a développé le **facteur g**. Sa conviction était qu'il existait un niveau d'intelligence *générale* chez les individus ; en d'autres termes, si vous excellez dans un type de test cognitif, il est probable que vous soyez également fort dans d'autres. Il a donc créé une mesure de l'intelligence ! Zettler a suggéré qu'il pouvait en être de même pour la tendance d'une personne au mal. Cette théorie affirme que les aspects sombres de la personnalité d'un individu sont en corrélation.

Quatre tests différents ont été effectués sur plus de 2 500 personnes, afin de déterminer comment les individus justifiaient certaines actions ou comment ils évitaient la culpabilité et la honte en faisant passer leurs intérêts avant ceux des autres. La propension d'une personne à l'agressivité, à la compétition, à l'égoïsme et à un comportement impulsif a également été contrôlée, ainsi que le degré de supériorité qu'elle se considère par rapport à son entourage.

La principale méthode de recherche consistait à utiliser des questionnaires contenant des affirmations telles que "*Je dirais n'importe quoi pour obtenir ce que je veux*" ou "*Je trouverais excitant de faire du mal aux gens*". Les sujets devaient indiquer dans quelle mesure ils étaient d'accord ou non avec ces affirmations.

Le but de l'exercice était de mesurer les niveaux de certains traits de personnalité sombres, tels qu'identifiés par le Dr Paulhus et son collègue Kevin M. Williams dans leurs recherches en 2002 - ces traits de personnalité sombres incluent l'intérêt personnel, le sadisme, entre autres. Les chercheurs ont effectué une analyse statistique des résultats pour déterminer le niveau D global de chaque participant. La théorie de Zettler est que ces traits se chevauchent dans une certaine mesure, tournant autour de l'idée centrale de D. Par conséquent, ce facteur D s'exprime à différents degrés chez différentes personnes, certains traits particuliers étant potentiellement plus dominants selon l'individu.

Ainsi, cette recherche nous suggère de manière surprenante qu'il existe un lien entre la brute de la cour d'école, le menteur occasionnel, le partenaire infidèle, le troll d'Internet, le trompeur d'entreprise et le meurtrier. En d'autres termes, si une personne aime manipuler les autres, elle peut aussi être encline au sadisme et à d'autres traits de personnalité plus sombres.

Si vous êtes intéressé, vous pouvez aller faire le test vous-même en ligne. Lorsque vous poursuivrez la lecture de ce livre, sachez que la prochaine section traitera des caractéristiques sur lesquelles porte cette étude.

CHAPITRE TROIS

Personnalités sombres que nous aimons détester

Notre culture populaire est inondée de méchants arrivistes dans les émissions de télévision et les films. Les pages économiques des magazines célèbrent les manipulateurs d'entreprise, et notre intérêt pour les ragots nous permet d'être au courant des défauts des vedettes égocentriques. Il semble qu'il soit impossible d'échapper à l'ombre des personnalités sombres. Qui sont-elles, et qu'est-ce qui les pousse à agir ? Dans ce chapitre, je veux prendre un peu de temps pour vous aider à connaître l'ennemi et les différents traits qui le caractérisent.

Voyage au centre obscur

Comme je l'ai dit, personne - ni poète, ni prêtre, ni policier, ni philosophe - ne peut décider ou convenir qu'il existe un facteur déterminant pour expliquer pourquoi les gens manipulent les autres, et pourquoi certains sont plus mauvais que d'autres.

C'est ce concept qui fascine le Dr Paulhus de l'Université de la Colombie-Britannique. J'ai déjà évoqué dans le chapitre précédent ses recherches sur la psychologie noire et le spectre du comportement humain. En 2002, il a publié, avec son collègue Williams, des résultats visant à identifier et à nommer les aspects fondamentaux de la personnalité, que j'aimerais examiner de plus près ici.

Comme je l'ai mentionné au chapitre 2, neuf traits clés composent la personnalité sombre : l'**égoïsme**, l'**intérêt personnel**, le **droit psychologique**, la **rancune**, le **sadisme** et le **désengagement moral**. Avec ces neuf traits, Paulhus et Williams ont identifié trois types fondamentaux : le **narcissisme**, le **machiavélisme** et la **psychopathie**. Ce trio de traits constitue ce que Paulhus appelle la **triade noire**.

Vous aurez déjà entendu ces expressions dans les chapitres précédents et, peut-être, par vous-même au-delà de ce livre ; cependant, ce sont des termes souvent lancés sans que les gens comprennent vraiment ce qu'ils signifient. Je vais maintenant les examiner attentivement, en vous donnant les faits et en évitant les termes émotifs comme "monstre" ou "monstre".

Ces personnalités sombres sont certainement une menace, quelle que soit la façon dont vous essayez de le tourner. Elles ont été comparées à des parasites ou des vampires ; en d'autres termes, elles se nourrissent de vous. Elles envahissent votre espace - mental, physique, émotionnel et spirituel - et accaparent votre énergie. La culture du bonus et les environnements axés sur les récompenses dans lesquels nous vivons ne font qu'accroître leur appétit, car ils tentent de prendre de l'avance aux dépens des autres. Comme nous le verrons dans les études de cas des chapitres 5 et 6, ces personnalités sombres se préoccupent ostensiblement d'elles-mêmes. Ce que les autres pensent ou ressentent n'a pas d'importance ; ces types de personnalité s'en préoccupent à peine. Les autres points de vue ne sont qu'une entrave à la réalisation des objectifs, ce que toutes les personnalités sombres ont en commun.

Ils ont également tendance à partager des caractéristiques telles que l'agressivité, la prise de risque, la toxicomanie, l'humour négatif, la dépression, le comportement antisocial et la recherche d'attention histrionique, qui peut se manifester par l'automutilation. À la base, il y a ce qui a été identifié comme une résilience au chaos. En fait, les personnes qui présentent des traits de caractère sombres s'épanouissent généralement dans le désordre, la désorganisation et le désarroi.

Un appel nominal des visages les plus célèbres de l'histoire comprendrait de nombreux noms issus d'une liste de manipulateurs, de contrôleurs et de personnalités sombres. Si l'on se base sur cette liste, pour faire sa place et se faire entendre, il est probable que l'on doive se placer quelque part sur l'échelle D. Vous ne serez peut-être pas surpris d'apprendre que le démagogue fasciste Adolf Hitler présentait des caractéristiques de personnalité sombre, mais seriez-vous choqué d'apprendre que le combattant de la liberté et orateur inspiré Martin Luther King Jr. y figure également ? On s'attendrait à voir Jules César, conquérant de la Gaule, sur la liste, mais Diana, princesse de Galles et princesse du peuple ? Elle aussi avait des traits de personnalité que nous pouvons considérer comme faisant partie du spectre sombre.

Examinons ces différentes caractéristiques individuellement.

Six traits de caractère sombres à faire frémir

L'*égoïsme*, c'est l'impulsion de se mettre en avant, au détriment des autres. Le mot a connu un parcours étymologique intéressant, qui permet de résumer son emprise psychologique sur nous. Il est formé à partir du verbe grec ancien *"être"* ou, plus précisément, de sa conjugaison à la première personne *"je suis"*. En latin, il signifie simplement *"je"*, tandis qu'en français moderne, *egoisme* signifie *égoïste*.

Depuis des millénaires, les philosophes débattent du besoin essentiel qui existe en nous de protéger notre identité et nos désirs ; c'est ainsi que nous fonctionnons tous au quotidien. Charles Darwin et Sigmund Freud ont tous deux beaucoup écrit sur ce sujet, et sur la façon dont notre perception du "moi" en nous définit tout ce que nous faisons. En un sens, servir l'ego est un élément fondamental de la survie humaine ; si ses exigences ne sont pas satisfaites, nous ne pouvons pas prospérer.

Chez les individus sains et équilibrés - qui tiennent compte des besoins concurrents ou des objectifs généraux de la communauté qui les entoure - l'excès d'ego reste sous contrôle. Les problèmes surviennent lorsqu'une personne place ses objectifs au premier plan. En général, elle aura du mal à tenir compte des souhaits ou des exigences émotionnelles des autres. En règle générale, les personnes à l'ego élevé ont tendance à avoir un certain nombre de relations courtes et monogames : elles passent à autre chose lorsque les besoins d'un partenaire deviennent trop exigeants. Une expression fréquente qu'ils utiliseraient pourrait être : *Elle me déprimait, alors on s'est séparés*, ou *Elle a perdu son emploi et il est devenu très collant ; je ne voulais rien avoir à faire avec ça*. Ce qui compte, c'est d'éviter le malaise et d'assurer son bonheur personnel. Le blâme est souvent l'arme d'une personne à l'ego surdimensionné, et vous devez vous attendre à un manque total d'engagement de sa part !

L'*intérêt personnel* est étroitement lié à cette caractéristique. Il s'agit d'une personne dont la pensée est principalement - voire *exclusivement* - axée *sur la* promotion de sa propre position sociale ou financière. Elle ne considère une situation que par rapport à ce qu'elle peut y gagner ou y perdre. La vie est un jeu de toboggans et d'échelles, dans lequel ils sont en compétition avec les autres. Dans la plupart des cas, la personne en question peut souvent se vanter ou faire étalage de ses succès, de ses réalisations et de ses possessions, car tout est vu à travers le prisme du gain matériel. Vous l'entendrez souvent dire : "*Qu'est-ce que ça m'apporte ?* Un problème plus général peut être considéré uniquement sous l'angle des ramifications qu'il a pour l'individu, par exemple : *Sa voiture est en panne, elle voulait un lift ; ça m'a coûté 5 dollars d'essence*, ou encore : c'est *cool parce qu'on m'a confié le projet ; il a complètement perdu son mojo après que sa femme se soit enfuie avec cet autre type !* Les contrariétés des autres ne forment qu'une toile de fond, et leurs faiblesses peuvent souvent être exploitées pour en tirer un avantage personnel.

La plupart d'entre nous souffrent de ces deux premiers traits sombres, au moins à un certain degré. Ils sont incroyablement communs, et ils font de nous des êtres humains. Nous verrons plus en détail au chapitre 8 comment modérer ces impulsions en vue d'une forme plus éthique d'affirmation de soi et de manipulation. Si on ne les surveille pas et qu'on les laisse se déchaîner, ces aspects égoïstes en nous peuvent nous amener à utiliser les autres comme des pions et des jouets.

Fondamentalement, cela peut être le signe d'un complexe de supériorité qui pousse certains individus à croire qu'ils sont meilleurs que les autres et qu'ils méritent donc un traitement spécial. C'est ce qu'on appelle le ***droit psychologique***. Certaines personnes - que ce soit en raison d'un QI élevé, de la richesse, d'une structure osseuse exceptionnelle ou du produit d'une enfance gâtée - pensent que le monde leur doit quelque chose. Ce sont ces personnes que l'on entend souvent parler de ce qu'elles méritent, de ce qui n'est pas juste et de ce qui aurait dû se passer dans une situation donnée s'il y avait une quelconque justice. L'expression *"Comment osent-ils ?" revient* souvent sur leurs lèvres. Ils sont souvent anxieux, impatients ou stressés, car ils se heurtent à une réalité qui ne correspond pas à leurs attentes. La déception est devenue une façon d'être pour ces personnes, et elles l'expriment sans cesse.

Attention, car la soupape d'évacuation de cette frustration chez une personne de type contrôlant peut souvent s'exprimer par de la ***méchanceté***. Cela provient souvent d'une insécurité profonde et d'un désir de rabaisser les autres, de sorte qu'ils se sentiront aussi faibles et déprimés. Les manipulateurs à la personnalité sombre font invariablement preuve d'une impulsion malveillante pour infliger du mal aux autres par leurs paroles ou leurs actions. En général, ils adorent les querelles et les rancunes, car ils savourent l'occasion de s'en prendre aux autres avec vindicte. Les idées de vengeance et de punition sont des mots à la mode dans leur vocabulaire, et elles célèbrent certainement le malheur des autres. Ainsi, vous pouvez souvent les entendre jubiler ou raconter des ragots sur les échecs des autres. *Ils ont eu ce qu'ils méritaient, c*'est leur devise habituelle, et elle définit certainement leur façon de voir les choses. Ne vous attendez pas à ce qu'ils aiment beaucoup de gens, car ce n'est pas le cas. Ils ont tendance à être toujours en colère et pleins d'invectives.

Ce trait est étroitement lié au ***sadisme.*** Il s'agit d'une personne qui éprouve un plaisir sensoriel à infliger ou à assister à l'inconfort mental, émotionnel et/ou physique d'autrui. Ces types sombres aiment humilier les autres en leur infligeant des douleurs corporelles réelles ou en les torturant et en les angoissant mentalement. Cela peut être lié au pouvoir et à la domination, ou pour combler ce qu'ils perçoivent comme un vide en eux. Ces personnes aiment le drame et la discorde, ainsi que l'angoisse, les blessures et les contrariétés.

Comme nous l'avons vu, l'implication plus large de la souffrance d'autrui - sa douleur, sa souffrance et ses dommages émotionnels - aura rarement un impact sur une personne ayant une personnalité sombre au fond d'elle-même. Cela est dû au fait que, le plus souvent, cette personne souffre également d'un *désengagement moral.* Tout simplement, ces personnes ne voient pas le mal dans une action. Que vous l'appeliez péché ou immoralité, ils sont incapables de considérer un comportement contraire à l'éthique comme odieux. En tant que telles, elles agissent sans aucun sentiment de culpabilité, de regret ou autre. Les expressions *"Et alors ?"* ou "Ce *n'est pas ma faute"* guident leur pensée quotidienne. Elles n'assument aucune responsabilité, alors que les autres personnes ou les facteurs en général sont toujours à blâmer pour ce qui se passe autour d'elles.

La redoutable triade : Narcissique, machiavélique et psychopathe

Au centre de ces caractéristiques sombres, Paulhus et Williams ont identifié une intersection des trois traits les plus sombres et les plus toxiques. Ils les ont appelés une triade, représentant les aspects les plus négatifs et les plus nuisibles de la nature humaine.

D'autres cercles universitaires critiquent leur travail, estimant qu'il simplifie peut-être trop l'état de l'esprit humain. L'accusation porte sur l'apposition d'étiquettes commodes et de gros titres, qui peignent la personnalité avec un large coup de pinceau au lieu de souligner les nuances individuelles. Certains se demandent même si les résultats de Paulhus sont concluants - par exemple, d'autres psychologues se demandent s'ils ont mené leurs recherches sur un éventail de sujets suffisamment large. Quelle que soit la manière dont ils ont mené leurs recherches, Paulhus et Williams nous ont tout de même fait découvrir les archétypes élémentaires qui sous-tendent une psychologie sombre. Distillés, ils sont les totems des principes directeurs d'une psyché de contrôle :

- Vanity
- Fourberie
- Agressivité.

Explorons-les ensemble.

1) Le *narcissisme*. En termes simples, il s'agit d'une personne qui a une trop haute opinion d'elle-même, généralement en ce qui concerne son apparence, ses réalisations et ses attributs. Vous connaissez le type de personne qui est toujours en train de regarder son reflet dans la fenêtre par-dessus votre épaule.

Leur vanité et leur ego leur procurent du plaisir aux dépens des autres. Contrôlantes, en manque d'affection et toujours avides de louanges et de perfection, elles sont terriblement destructrices dans les relations, les amitiés et les équipes d'entreprise.

Vous avez peut-être entendu parler de Narcisse ; c'est un homme fier du mythe grec. Les artistes ont été fascinés par lui, notamment le poète latin Ovide qui a écrit sur le jeune chasseur il y a plus de 2 000 ans. Narcisse pensait que personne n'était assez bien pour lui, que personne ne pouvait être aussi grand que lui et que personne ne pouvait atteindre son niveau. Il était toujours en train de rabaisser les autres et de les critiquer par rapport à lui-même. Sans surprise, cela rendait les autres malheureux, et ses relations n'étaient pas vraiment au beau fixe. Un jour, il a vu son propre reflet et a éprouvé un désir instantané et dévorant. Il existe différentes versions de ce qui lui est arrivé ensuite, mais aucune n'est heureuse ou satisfaisante.

De nombreux jeunes hommes et femmes souffrent aujourd'hui d'une tendance similaire à l'autosatisfaction. C'est un état qui ne fait qu'empirer avec l'âge, et le domaine de la fantaisie est certainement leur territoire de prédilection.

Au cas où vous auriez des doutes sur la manière de les repérer, voici quelques autres traits qui caractérisent une personne présentant un niveau élevé de narcissisme :

- Ils sont égocentriques et convaincus que leurs opinions, et souvent leur origine et leur race, sont supérieures. Cela se manifeste par de l'arrogance et la conviction qu'ils peuvent faire tout ce qu'ils veulent parce qu'ils sont extraordinaires.

- Une image de soi positive mais infondée, qui verra souvent ces types se positionner en experts ou en héros dans une situation donnée, malgré l'absence de preuves corroborantes.

- L'affirmation est essentielle. Elles utilisent des tactiques "douces" comme la flatterie, les cadeaux et la corruption émotionnelle pour amener les gens à faire des choses pour elles. Elles puniront également les autres ou se complimenteront elles-mêmes si elles pensent qu'elles ne reçoivent pas assez d'attention.

- Ils s'attaquent aux personnes au grand cœur, aux amoureux et aux généreux.

- Elles sont hypocrites, c'est-à-dire qu'elles font rarement ce qu'elles conseillent aux autres de faire, car elles pensent qu'il existe un ensemble de règles pour elles et un autre pour les autres. Elles critiquent souvent les autres pour les mêmes choses qu'elles font elles-mêmes.

- Ils essaieront de rabaisser les autres et de les dévaloriser, car personne ne peut atteindre les plus hauts niveaux de perfection à leurs yeux. Ils peuvent faire une fixation sur les objets de leur mépris et s'acharner avec passion sur leurs ennemis.

- Ils sont hypersensibles à toute critique perçue. Leur sentiment déçu d'être dans leur bon droit les amène souvent à suggérer qu'ils sont des victimes.

- La jalousie est un outil pour eux et ils adorent mettre les gens en compétition les uns avec les autres pour attirer leur attention (les patrons sont très doués pour cela). Ils aiment prétendre qu'ils sont plus populaires qu'ils ne le sont.

- Il est vrai qu'ils agissent comme s'ils plaisaient à la foule. Elles ont souvent un large cercle de connaissances, mais elles ont rarement des liens profonds. Leur sens de l'amitié et de l'engagement est fluide, et elles se séparent toujours des gens.

- Elles sont généralement attirées par les personnes belles, populaires, performantes ou admirables, qui donnent une bonne image d'elles. Elles espèrent que ces personnes les valideront par leur soutien et leurs encouragements.
- Ils s'ennuient facilement, notamment par la routine.
- L'irresponsabilité financière imprègne leur vie.
- L'incapacité à tenir ses promesses est courante. Déplacer les poteaux de but est devenu une seconde nature. Ils ont construit leur vie sur des mensonges et des excuses, et ils cherchent constamment à expliquer leurs échecs.

Connaissez-vous quelqu'un dans votre vie qui est comme ça ? Peut-être reconnaissez-vous un collègue de travail, un ami ou peut-être même votre partenaire. Si c'est le cas, méfiez-vous et ne tombez pas dans leurs pièges. Je vous donnerai plus de conseils à ce sujet au chapitre 7.

Personne ne sait exactement ce qui déclenche cette affection. Peut-être est-ce dû à un sentiment d'abandon et d'insécurité dans l'enfance, qui pousse l'individu à rechercher une validation. Tout ce dont nous pouvons être certains, c'est que la manipulation devient un moyen d'adaptation pour les narcissiques, car ces personnes ont faim de l'attention des autres. Les projecteurs deviennent la viande dont ils se nourrissent.

Des exemples que vous pourriez reconnaître en public : Les narcissiques ont tendance à privilégier les industries créatives en termes de carrière, et nous pouvons certainement en identifier un certain nombre dans la musique, le théâtre et la télé-réalité. Ces personnes seraient probablement celles qui monopolisent la scène lors des cérémonies de remise de prix des autres ou les divas qui exigent du champagne à la bonne température dans le réfrigérateur de leur loge.

2) ***Machiavélisme.*** Ces personnes ont plus soif de pouvoir et de gains matériels que de toute autre chose. Elles utiliseront la ruse et le calcul pour réaliser leurs désirs par le biais de complots impitoyables et de la manipulation des gens. L'expression "peu importe *ce qu'il faut"* pourrait bien servir de principe directeur à ces individus.

L'état porte le nom de Niccolò Machiavel, l'homme de la Renaissance dont j'ai brièvement parlé au premier chapitre. En 1532, le *Prince* a été publié à titre posthume, sur la base de ses notes et de ses écrits datant de vingt ans. Il s'agit d'une étude de l'art de gouverner et des stratégies de réussite qui ne s'embarrassent pas de la morale conventionnelle. Les critiques ne s'accordent pas sur la question de savoir si Machiavel voulait que ce qu'il écrivait soit une critique des pratiques tranchantes - une mise en garde contre celles-ci - ou s'il préconisait leur utilisation par admiration. Quoi qu'il en soit, *Le Prince* est devenu l'un des premiers livres d'auto-assistance sur la façon de progresser dans les affaires !

Machiavel a certainement eu mauvaise presse au fil des siècles, associé dans la culture populaire à tout ce qui est égoïste et diabolique et dépeint comme surgissant de l'enfer dans les pièces de théâtre du dramaturge élisabéthain Christopher Marlowe.

Dans les années 1960, les psychologues sociaux Richard Christie et Florence L. Geis ont étudié les écrits de Machiavel, puis ont demandé aux gens dans quelle mesure ils étaient d'accord ou non avec certaines phrases. Ils ont utilisé ces résultats pour élaborer l'**échelle de Machiavel**, qui détermine la fourberie et l'insensibilité des personnes qui répondent au questionnaire. Cette recherche a été publiée en 1970 sous le nom de **test Mach IV**, et place une personne dans la catégorie des *machiavéliques* élevés ou faibles en fonction de leur proximité avec ce trait de personnalité sombre.

Les signes de machiavélisme incluent :

- Quelqu'un qui justifie ce qu'il fait simplement parce qu'il le veut.
- Une ambition considérable en termes de carrière et de pouvoir ; ils veulent aller de l'avant plutôt que de simplement s'en sortir.
- Intéressé par l'argent, les possessions matérielles et les symboles de statut en général.
- Extérieurement confiant.
- Ils sont toujours en train d'élaborer des plans et des stratagèmes pour obtenir ce qu'ils veulent dans n'importe quelle situation, ce

qui implique généralement d'exploiter les points faibles des autres. Les gens sont toujours considérés en termes d'utilité plutôt qu'en tant qu'individus ; par exemple, ils peuvent nouer des amitiés en fonction de ce que cette amitié peut leur apporter, notamment les contacts de l'autre partie ou ce qu'elle possède.

- La patience est un marqueur émotionnel primordial, car l'impatience menace tout simplement de bouleverser leurs plans bien ficelés. Le 16e chef militaire japonais Tokugawa Ieyasu a dit de la patience qu'elle était un attribut nécessaire pour maîtriser la joie, la colère, le chagrin, la peur et la haine ; ce n'est qu'à cette condition que les objectifs pourront être atteints. C'est un peu comme la maxime selon laquelle les bonnes choses arrivent à ceux qui attendent.

- Nous verrons plus en détail leur flexibilité dans les études de cas du chapitre 5, mais un individu de cette catégorie sait qu'il devra changer de camp à l'occasion pour avancer avec fluidité dans la vie, sans être gêné par des engagements ou des croyances passés.

- Pas de confiance. N'importe qui peut être prêt à vous voler à tout moment. Si la vie est une partie d'échecs, un individu machiavélique doit avoir une longueur d'avance à tout moment, avec son prochain mouvement et sa stratégie en vue.

- Ils pensent que les conséquences sont pour les mauviettes et que la morale est un obstacle. L'absence de scrupules aide ces personnes à atteindre la grandeur, du moins le croient-elles.

- Les émotions sont considérées comme des obstacles à la réussite, donc moins il y a de liens émotionnels, mieux c'est. Cela signifie qu'il n'y a pas de véritables partenaires ou amis.

- D'autres personnes sont simplement un véhicule pour obtenir un type de mach élevé pour l'endroit où ils veulent être.

- Ils étudient et observent souvent les autres. Les individus machiavéliques sont perspicaces, bien que les émotions des autres puissent les mettre mal à l'aise, car ces dernières peuvent compliquer les choses et constituer des obstacles.

LA MANIPULATION PSYCHOLOGIQUE

- Ils ont tendance à voir les choses de manière pratique plutôt que fantastique, mais cela ne veut pas dire qu'ils ne mentiront pas et ne tromperont pas si nécessaire.
- Ils font tout ce qui doit être fait. En tant que caméléons sociaux, ils s'adapteront à une situation pour en tirer ce qu'ils veulent.
- Ils utilisent à la fois des tactiques douces et dures pour atteindre leurs objectifs. Par exemple, ils peuvent saboter les efforts d'autrui, considérant tout le monde comme une concurrence potentielle.

Des *exemples que vous pourriez reconnaître dans l'opinion publique* : Le monde de l'entreprise et de la politique regorge de "high machs", du PDG prêt à tout pour aller de l'avant - même si cela implique de se débarrasser de ses amis en cours de route - au leader politique qui épouse des causes populistes pour faire avancer sa carrière.

3) La *psychopathie*. En 1941, le psychiatre Hervey Cleckley a mis au point une liste de contrôle permettant d'identifier les personnes ayant de fortes tendances psychopathiques, et nous ferions bien d'y accorder une grande attention. En substance, ces individus sont instables et agissent souvent de manière violente, mettant leur vie en danger. Les personnes présentant des traits de caractère psychopathiques sont plus susceptibles de se retrouver en prison que les autres. Contrairement à ceux qui ont des tendances *sociopathes* et qui s'enferment - causant des dommages par des pratiques antisociales - les individus ayant des tendances psychopathes franchissent plus fréquemment la ligne, attirant d'autres personnes dans leur toile pour infliger un maximum de dommages. Personne ne veut se retrouver seul dans une pièce avec l'un de ces sombres contrôleurs, à moins d'en être un soi-même.

Cette tendance se situe à l'extrémité de l'échelle D, mais elle est en fait beaucoup plus répandue qu'on ne le pense. Dans les années 1970, le psychologue canadien Robert D. Hare a poussé plus loin les études de Cleckley, en recherchant des caractéristiques communes. Il a constaté qu'un nombre surprenant de PDG - sans parler des psychologues et des psychiatres - présentent des traits psychopathiques.

Bien que l'American Psychological Association (APA) ne la reconnaisse pas comme un trouble à diagnostiquer, mais plutôt comme une caractéristique d'autres troubles, les causes de la psychopathie ont fait l'objet de nombreux débats récemment.

Sont-ils simplement mauvais, comme le disait ma grand-mère, ou leur état est-il le résultat d'un conditionnement social : si un enfant a été élevé dans un environnement particulièrement dur, abusif ou compétitif, il est probable qu'il développe une psyché psychopathique. Il y a ceux, comme je l'ai mentionné plus tôt, qui soupçonnent des causes génétiques. Des scanners et des études ont indiqué que le cerveau de ces personnes est câblé différemment de celui des autres, et qu'il y a une déconnexion entre les neurotransmetteurs et les récepteurs émotionnels dans leur cerveau. L'éventail des déséquilibres chimiques et le conditionnement social font pencher la balance en faveur d'une opposition entre l'inné et l'acquis, à la suite d'un traumatisme cérébral subi dans l'enfance ou d'une réaction à long terme aux drogues. La psychopathie pourrait-elle même être héritée ? Si c'est le cas, il y a plusieurs questions éthiques à prendre en compte concernant la recherche de la faute et la punition appropriée dans la société. Dans ce livre, nous nous intéressons davantage à la manière dont la psychopathie se manifeste : l'effet plutôt que la cause.

Cleckley et Hare ont tous deux observé que les psychopathes ont tendance à présenter des caractéristiques récurrentes. Celles-ci incluent :

- Ils ont le cœur froid et ne se soucient pas des sentiments des autres, mais sont tout à fait charmants. Ce trait de caractère peut se manifester par des propos désinvoltes et superficiels lors de rencontres sociales.
- Malgré les sourires, ils ont souvent une voix et des yeux sans vie.
- Ils sont prompts à évaluer les autres et à les étiqueter. Elles trouvent rapidement la vulnérabilité des autres.
- Ils rendent les autres responsables de leurs propres actions, en disant souvent des choses comme "ils m'ont forcé à le faire". Le

plus important est qu'elles ne montrent aucun remords pour leurs propres actions.

- De même, il n'y a pas d'empathie ou de compréhension de la situation critique des autres.
- Des impulsions narcissiques vers l'auto-agrandissement.
- Utilise des tactiques dures pour obtenir ce qu'il veut, par exemple des menaces. Ils aiment aussi provoquer et énerver les gens, généralement en leur infligeant des blessures physiques et en jouant des jeux désagréables.
- Enfant comme adulte, on prend plaisir à faire du mal aux autres de manière cruelle et sadique. On rapporte par exemple que le tueur en série Albert de Salvo, également connu sous le nom d'Étrangleur de Boston, torturait des animaux lorsqu'il était enfant.
- Il a des sautes d'humeur imprévisibles et est sujet à un mauvais caractère. Lorsqu'il est très en colère, il peut devenir tout simplement méchant.
- Tendance à la promiscuité sexuelle, qui s'accompagne souvent de fantasmes de nature sado-masochiste.
- Persuasif.
- Les personnes ayant de fortes tendances psychopathiques sont rarement anxieuses et ne transpirent pas sous la pression. En 2012, le neuroscientifique controversé Nils Birbaumer a entrepris un test de transpiration qui l'a amené à conclure que ces personnes pourraient être moins à l'écoute des émotions que les autres (en manifestant moins de culpabilité, de honte, d'embarras et de peur).
- Ils n'ont aucun scrupule à enfreindre la loi ; ils savent peut-être distinguer le bien du mal, mais ils s'en moquent.
- Considérez les gens et les choses comme jetables. Rien n'a tendance à avoir une valeur pendant longtemps. Ainsi, ces contrôleurs sombres resteront rarement longtemps dans un emploi.
- Niveaux élevés de tolérance aux odeurs fortes et aux images graphiques que d'autres personnes pourraient trouver désagréables ou révoltantes.

- Impulsif, sans objectifs à long terme ni signes de planification pour l'avenir.

Des *exemples que vous pourriez reconnaître dans l'œil du public* : Nos cinémas et nos écrans de télévision regorgent de ces individus, de Scar dans *Le Roi Lion* au *Joker* oscarisé en passant par Johnny dans *The Shining*. Il existe également un temple de l'infamie dans la vie réelle, parsemé de noms immédiatement reconnaissables, comme la comtesse Elizabeth Báthory de Ecsed, qui a terrorisé la Hongrie au XVIe siècle et a poussé la vanité à son paroxysme en buvant le sang de ses victimes pendant leur jeunesse, ou le cruel Hamilton Howard Fish, qui s'est re-baptisé Albert en l'honneur d'un frère ou d'une sœur décédé. Dans les années 1920, Fish violait et mangeait ses victimes, puis raillait leurs proches dans des lettres sadiques. La salle comprend également les chefs de culte diaboliquement manipulateurs Charles Manson de la Californie des années 1960 et le délirant Jim Jones, qui se voyait comme une divi-nité rassemblant des adeptes autour de lui, dont 918 qu'il a manipulés jusqu'à ce qu'ils se tuent en 1978. N'oublions pas non plus le séducteur Ted Bundy, beau mais sans cœur, qui ne ressentait aucune culpabilité, malgré des actes extrêmes de torture, de meurtre et de nécrophilie, faisant plus de trente victimes. Nous pourrions également parler de la liste du tueur BTK, sado-masochiste, inspiré par le bondage, autrement connu sous le nom de Dennis Radar, qui s'exhibait, jouant avec les médias jus-qu'à sa capture finale en 2005.

Mais assez parlé de ces célèbres tueurs en série. Je ne veux pas leur consacrer trop de temps ni attirer trop d'attention sur ces meurtriers tor-dus qui ont délibérément marché dans les ténèbres. Il n'y a rien de sexy, de séduisant ou d'inspirant chez ces personnes maléfiques. Laissez-les rester dans l'ombre, car ils ne méritent plus notre attention.

Nous avons encore beaucoup de choses à explorer ensemble dans les chapitres à venir. J'ai discuté en détail de diverses personnalités obscures ; nous allons maintenant examiner leur mode de fonctionnement.

CHAPITRE QUATRE :

Les arts cachés dévoilés - Comment fonctionne la manipulation

Nous comprenons tous que le monde peut être mauvais et qu'il y a de méchants prédateurs, mais cette prise de conscience est totalement inutile si nous ne pouvons pas reconnaître le où, le comment et le pourquoi de tout cela. L'objectif de ce livre, comme je l'ai dit, est de vous donner une compréhension globale afin que vous ne soyez pas la proie des sombres stratagèmes des forces malveillantes.

Dans ce chapitre, je vous donnerai des indications et des outils précieux pour que vous puissiez repérer les stratégies manipulatrices. Ce n'est qu'alors que vous serez en mesure de mettre fin à l'exploitation ou de l'utiliser pour de bon, comme je l'expliquerai aux chapitres sept et huit. Prenons les choses étape par étape.

Comment repérer le mal : les astuces du métier

Quelqu'un peut utiliser un certain nombre de techniques interconnectées pour obtenir ce qu'il veut de vous. Je souhaite vous donner un aperçu afin que vous puissiez prendre conscience de ces astuces et techniques de persuasion.

1.   La **tentation** peut être utilisée comme une arme efficace. Prenons l'exemple d'un collègue qui a besoin d'aide pour rédiger un rapport : il sait que vous aimez les sucreries, et il se présente à votre porte avec un plat entier de brownies et des notes pour ce rapport sous le bras. N'ayez aucun doute : vous *êtes* manipulé, même s'ils ne semblent pas vous faire de mal physiquement. Ce que vous aimez et appréciez est agité

devant vous, comme une carotte pour un cheval, en échange de quelque chose d'autre (que vous vouliez leur rendre ou non). Dans ce cas, votre choix est relativement libre et vous tirez profit de la situation, à moins que vous ne puissiez pas manger les brownies pour une raison quelconque.

2.   **L'exploitation** est étroitement liée au premier point. Dans ce cas, quelqu'un profite - à son avantage ou à son profit - de ce qui pourrait être considéré comme une faiblesse chez vous, que ce soit au niveau de vos émotions, de votre situation financière ou de vos attributs physiques. Ne pensez pas toujours que lorsque nous parlons d'exploitation, nous faisons référence à des travailleurs mal payés qui triment dans des ateliers clandestins. À l'autre bout de l'échelle, il y a l'exemple que j'ai donné au chapitre 1, celui de votre gentille maman qui fait des gâteaux pour vous. Vous pourriez débattre de sa situation et de la question de savoir si elle est exploitée, mais cette impulsion qu'*elle a* en elle se transforme en capital.

3.   La **tromperie** peut également être utilisée dans divers cas. Quelqu'un peut ne pas être honnête quant à ses intentions lorsqu'il essaie de vous faire faire quelque chose pour lequel vous êtes ambivalent. La campagne Kickstarter à laquelle vous vous êtes inscrit et qui vous incite à faire un don peut être une façade pour une activité frauduleuse. Dans un autre exemple, votre enfant pourrait vous dire qu'elle a besoin d'argent pour le bus, mais elle prévoit en fait d'utiliser cet argent pour s'acheter une nouvelle chemise.

4.   Les choses peuvent prendre une tournure plus sombre sous l'effet de la **pression**. Dans ce cas, une influence indue est exercée par quelqu'un afin qu'il atteigne son but. Elle peut être apparemment innocente. Vous êtes peut-être poussé, cajolé ou poussé par un barrage quotidien d'e-mails vous demandant de partir en vacances au ski avec un ami. Ils disent que vous les laissez tomber et que vous êtes une poule mouillée si vous n'y allez pas. Ne vous faites pas d'illusions : il s'agit d'une forme de harcèlement. Elle peut prendre une tournure plus sérieuse, impliquant un certain degré de cajolerie ou de fausse flatterie. La pression peut aussi

devenir très agressive : *vous ferez ceci, n'est-ce pas ?* avec un *"ou bien"* implicite à la fin.

5.   La **coercition en** est une autre étape, qui peut commencer par une manipulation psychologique et se transformer en violence physique. Elle consiste à vous forcer ou à vous menacer de faire quelque chose contre votre gré. Le chantage ou la violence peuvent être utilisés, ne vous laissant finalement pas le choix. Évidemment, si vous vous trouvez dans de telles situations, vous devez demander l'aide d'agents de la force publique ou de professionnels du droit.

Dans tous les exemples ci-dessus - quels que soient les mérites de chaque situation individuelle - les intérêts du manipulateur passent presque toujours avant ceux de la personne manipulée, indépendamment de tout bénéfice potentiel dans les deux sens que la victime peut percevoir.

Une carte pour vous aider : Les stratagèmes spécifiques que vous devez surveiller

Comme nous l'avons dit, nous avons tous été manipulés à un moment ou à un autre ; parfois, c'était dans notre propre intérêt ou cela nous a permis de faire quelque chose qui nous plaisait vraiment. Comme nous l'avons également mentionné, la manipulation ne se fait pas toujours aux dépens des autres, mais, malheureusement, elle est encore plus souvent utilisée pour des raisons plus sinistres, comme nous l'avons vu dans le chapitre précédent. Les gens deviennent les pions des autres, et ni vous ni moi ne voulons nous retrouver dans cette position.

Voici un guide détaillé en huit points des approches et des comportements spécifiques dont vous devez vous méfier à tout moment.

1. FLATTERIE :

Les faux compliments et les fausses attentions sont à la fois doux et empoisonnés. Comme l'a fait remarquer Edmund Burke, philosophe anglo-irlandais du XVIIIe siècle, la *flatterie corrompt à la fois celui qui la reçoit et celui qui la donne*. En d'autres termes, rien de bon ne peut en sortir ! Dans ses différentes manifestations, elle est une arme puissante dans l'arsenal du manipulateur.

- Le **charme**. Nous ne pouvons nous empêcher de baisser notre garde lorsque quelqu'un est poli et plein de sourires. Méfiez-vous de la tromperie potentielle sous leurs bonnes manières et leur discours doux. Le charme est l'approche préférée de la triade noire.
- **Caresser l'ego**. Si quelqu'un vous dit que vous êtes un expert, que vous êtes beau et intelligent, vous avez de fortes chances de vouloir le croire. Si on nous dit ces choses, nous nous sentirons également réceptifs à la personne qui nous caresse. Les personnes en quête de faveurs utilisent souvent la même technique et profitent de nous lorsque nous sommes heureux.
- **Si seulement...** La publicité prospère en faisant directement appel à nos ambitions et à nos vanités. Nous sommes flattés que la publicité s'adresse à nous ; du moins, nous voulons croire qu'elle le fait. Avec une publicité bien faite, nous croyons que nous pourrions aussi être superbes dans ce jean sur ce mannequin, et que nous pourrions aussi être aussi cool que cette célébrité conduisant cette voiture, portant cette montre ou ce parfum.
- **Bombe d'amour**. Cette arme est la flatterie à outrance. Dans ce cas, on nous dit constamment à quel point nous sommes merveilleux, on nous offre des cadeaux et des récompenses, on nous complimente et on nous présente aux autres comme un modèle d'excellence. Ces affirmations peuvent provenir d'un patron glissant, d'un partenaire exploiteur, d'amis et de parents également. Le résultat est que vous vous laissez bercer par la fausse croyance que cette autre personne vous estime et vous apprécie. Il n'y a donc pas de problème lorsqu'elle vous demande de faire un effort supplémentaire pour elle, et bien sûr vous le ferez - vous voulez les éloges et vous vous y êtes

habitué. Plus encore, vous ne voulez pas les décevoir et perdre leur estime. Ne vous faites pas d'illusions : ce n'est qu'un stratagème pour qu'ils obtiennent ce qu'ils veulent de vous.

- **Réaffirmation.** L'expert dans ce domaine utilisera la dévalorisation et la réaffirmation comme une ruse parfaite. Il retirera ses compliments et vous laissera tomber soudainement - ou augmentera le risque de le faire - pour vous reprendre peu après, plein d'éloges. En jouant avec vous, vous ne pouvez que désirer l'attention et devenir de la pâte à modeler entre leurs mains. Comme un drogué, vous ferez tout pour obtenir votre dose de flatterie et d'approbation.

- **Allégeance et alliance.** Les politiciens, les responsables du marketing et les vendeurs aiment prétendre qu'ils sont de notre côté. Ils étudient la linguistique et utilisent des expressions familières et un jargon qui nous font croire qu'ils sont des nôtres, et ils adaptent leur langage corporel pour paraître accessibles. Ils veulent nous faire croire qu'ils sont nos copains. Les faux amis et les collègues de travail malhonnêtes peuvent dire qu'ils nous soutiennent, pour ensuite nous rabaisser dans les coulisses. Si nous pensons avoir le soutien de quelqu'un, nous sommes plus susceptibles de lui faire confiance, ce qui se traduit notamment par le fait que nous lui donnons quelque chose lorsqu'il le demande.

2. MENSONGES.

Ceux qui cherchent à nous tromper ne seront pas francs avec la vérité. Vous pouvez compter là-dessus. Ils le feront :

- Ils déforment les faits à leur guise.
- dissimuler l'ensemble de la situation pour masquer leurs actes répréhensibles.
- Présenter une certaine image qui n'est pas toute la vérité.
- Nier tout acte répréhensible présumé.
- Ils se contredisent eux-mêmes parce qu'ils sont empêtrés dans leurs mensonges et leurs incohérences.

Il peut s'agir d'une technique de survie automatique pour éviter d'être repéré, ou d'une malhonnêteté délibérée, calculant que cela vous déstabilisera. Ils comptent sur le fait que, désavantagé et incertain de la situation réelle, vous serez plus facile à manipuler.

3. DÉSORIENTATION.

Au combat, il est essentiel d'embobiner son adversaire. Pourquoi en serait-il autrement dans le monde obscur de la manipulation ? Cette tactique pour confondre et prendre au dépourvu se présente sous de nombreuses formes :

- **Déplacer les poteaux d'objectif.** On vous a peut-être dit que si vous faites quelque chose, vous obtiendrez un certain résultat, mais une fois que c'est fait, il y a un autre objectif à l'horizon. Le patron qui vous dit que vous obtiendrez une promotion si vous renoncez à vos vacances pour terminer un projet en est un bon exemple. Un autre exemple est celui du partenaire intermittent qui dit qu'il s'engagera lorsque vous aurez tous deux un emploi stable, mais qui insiste sur d'autres critères le moment venu. Il ne s'agit là que de quelques exemples de personnes qui changent les règles du jeu pour vous. Dans ces cas, vous attendez constamment quelque chose qui n'est jamais livré, et votre patience et votre optimisme sont malmenés.

- **Sautes d'humeur.** Cela peut être le résultat d'un déséquilibre chimique dans le cerveau ; cependant, certains prédateurs peuvent délibérément adapter leur comportement erratique pour vous déséquilibrer. Si une personne est tout sourire un jour, puis revêche le lendemain, il est facile pour vous de devenir plus anxieux et d'avoir envie de son côté ensoleillé. Dans ce cas, vous êtes devenu plus facile à contrôler.

- **Blâme.** Au moment où vous pensez que quelqu'un est en faute, il se retourne et dit que c'est vous qui avez mal agi. *Vous êtes si autoritaire,* diront-ils, alors que vous venez de réaliser qu'ils vous donnent des ordres. Le résultat est que vous ne savez pas distinguer votre gauche de votre droite, ni le haut du bas. De plus, si vous commencez

à vous défendre, ils peuvent éviter un examen plus approfondi. Intelligent, hein ?

- **Switcheroo.** Cette technique est similaire à la précédente et consiste
à salir et à critiquer les autres pour les crimes que le manipulateur a
lui-même commis. C'est un *tel menteur*, diront les menteurs. *Le men-
songe est tellement affreux, méfiez-vous des gens qui le font !* L'effet
est que, psychologiquement, vous faites confiance à cette personne.
Vous vous dites qu'elle ne pourrait pas être hypocrite au point de
dénoncer la chose même qu'*elle fait*, n'est-ce pas ? La réponse est :
oui, elle le pourrait. Nous verrons plus en détail ce concept dans nos
études de cas aux chapitres 5 et 6.

- **Renverser la situation.** Il s'agit d'une technique très sournoise, car
le fait de renverser complètement la situation peut faire passer le
malfaiteur pour le maltraité, et le maltraité pour le malfaiteur. Il s'agit
d'une technique particulièrement toxique, qui consiste à rejeter la
responsabilité des actions malveillantes sur la victime, souvent avec
le hurlement d'apitoiement : C'est *de ta faute si je suis comme ça.*

- **Faire l'innocent.** Avez-vous entendu quelqu'un dire : *Qui, moi ?
Comment as-tu pu penser ça ? Je ne ferais jamais ça !* Si c'est le cas,
il est plus que probable que quelqu'un essaie de vous manipuler.
L'innocence véritable nécessite rarement une protestation en faveur
de l'innocence. Les types glissants aiment réfuter les preuves du contraire en insistant, choqués que vous mettiez en doute leur moralité,
sur le fait qu'il est peu probable qu'ils puissent jamais faire le mal.
Le résultat final est que vous ne pouvez pas vous empêcher de re-
mettre en question votre jugement.

- **Jouer la victime**. Peut-être le manipulateur va-t-il plus loin et pré-
tend-il être la victime ? Nous avons abordé ce sujet au chapitre 3 :
un partenaire arriviste peut dire qu'il se sent sous pression au travail
et, désireux de compatir, vous pouvez devenir un arriviste dans
d'autres domaines et répondre à tous ses besoins. Lors d'une soirée,
si votre ami autoproclamé "fauché" se plaint de sa malchance, vous
vous rendrez vite compte que c'est vous qui payez toutes les boissons
sans même y penser.

- La **culpabilisation**. Prolongement de la tactique précédente, il s'agit d'un outil souvent utilisé par les sociétés de bienfaisance, les partenaires abusifs et les soi-disant amis. Il s'agit d'une forme de chantage émotionnel. Si nous nous sentons responsables ou mal à propos de quelque chose, nous sommes plus susceptibles de répondre en faisant ce que quelqu'un nous demande de faire. Peu d'entre nous veulent se sentir égoïstes ou sans compassion. *Regardez ça, n'est-ce pas terrible ? Vous avez le pouvoir de le réparer, alors pourquoi ne le faites-vous pas ?* Un problème a été créé, dont nous sommes la solution, et notre refus de rectifier la "situation" signifie que sa continuation est de notre faute. Un autre classique du canon est : "*Pourquoi ne fais-tu pas ça ? Tu ne te soucies pas de moi ? Je suis toujours en train de faire des choses pour toi !* Cette affirmation vous met au pied du mur, vous obligeant à choisir entre vous plier à la volonté de la personne ou ressentir de la culpabilité.

- **Minimiser**. Les personnes qui espèrent vous tromper minimisent souvent l'impact de leurs actions. Vous pouvez vous plaindre que quelque chose n'est pas ce que vous voulez et que vous n'en êtes pas satisfait, et leur réponse sera de minimiser votre préoccupation. On vous fait croire que vous êtes hystérique ou déraisonnable et, par conséquent, on vous pousse à accepter l'inacceptable.

- **Jouer les plaisantins**. Qui n'a jamais répondu avec force à une demande douteuse, pour s'entendre dire qu'il réagit de manière excessive et qu'il n'a pas saisi un certain sens de l'humour ? *Je plaisante,* c'est la réponse habituelle des types malveillants. Les manipulateurs chevronnés peuvent agir délibérément de manière déroutante, clownesque ou bizarre pour vous mettre sur une fausse piste ou vous faire douter de votre propre jugement, ce qui nous amène au point dangereux suivant.

- **Gaslighting**. Créer le doute est un fusil d'assaut automatique dans les mains d'un manipulateur. Il veut que vous soyez incertain de ce qui est vrai et de ce qui ne l'est pas. Votre mémoire et votre jugement sont remis en question, et une fois que le doute s'installe, il devient difficile de s'en défaire. *Tu dois t'imaginer que c'est une expression fréquemment utilisée, ou : Vous aviez promis de faire ceci, pourquoi* *prétendez-vous maintenant que vous ne l'avez pas fait ?* Cette technique est mortelle. Dans les cas extrêmes, la personne qui vous manipule peut même vouloir déséquilibrer votre santé mentale, en vous faisant douter de la réalité. Au cas où vous auriez des doutes sur l'expression *"gaslighting"*, elle provient de la pièce de théâtre *Gaslight*, écrite dans les années 1930 par l'auteur britannique Patrick Hamilton, et adaptée plus tard en film à succès avec Ingrid Bergman. Dans cette pièce, un mari infâme et criminel fait des bêtises dans le grenier, faisant vaciller les lampes à gaz de l'appartement du dessous ; lorsque sa femme remarque ce phénomène, il la convainc qu'elle devient folle.

4. DIVERSION

Les escrocs et les magiciens pensent souvent que le secret de leur réussite consiste à faire en sorte que le public regarde dans la mauvaise direction. De cette façon, le subtil tour de passe-passe ne sera pas remarqué. La tromperie peut passer inaperçue tout en évitant de rendre des comptes. Dans le même arbre généalogique, attendez-vous à trouver les éléments suivants :

- **Déplacement des responsabilités.** Il s'agit d'une tactique que vous rencontrez assez souvent. Dans mon cas, j'avais envie de me plaindre d'un service inadéquat, mais j'ai reçu la réponse suivante : *J'aimerais bien vous aider, mais ce sont les règles.* Ou encore : *mon patron m'a dit que c'est comme ça qu'il faut faire.* Les partenaires violents peuvent attribuer leur comportement antisocial à toute une série de facteurs : l'alcool, la dépression et la fatigue, pour n'en citer que quelques-uns. Si vous avalez cette histoire et lui permettez de rejeter la faute sur quelqu'un d'autre que lui, vous vous laissez tromper et exploiter.
- Les **excuses**. Ne vous laissez pas berner par ces excuses, car les personnes maltraitantes cherchent souvent à expliquer leurs méfaits comme étant normaux. Ils insistent sur le fait que leur comportement est acceptable, ce qui leur permet de créer l'illusion qu'il en est ainsi.

- **Honte**. Si vous confrontez quelqu'un pour ses actes répréhensibles, il peut tenter de vous faire honte en vous faisant croire que vous avez le mauvais côté du bâton. Comme nous l'avons vu au chapitre 3, "*How dare you ?*" est souvent le recours des personnes malhonnêtes qui cherchent à détourner des accusations véridiques.

- L'**évasion**. Vous verrez souvent cette tactique utilisée par les tricheurs, les menteurs et les politiciens. Si vous posez une question directe à ces personnes ou si vous les interpellez sur un point, elles changeront souvent de sujet. Ils veulent vous distraire ou vous faire oublier le sujet que vous avez initialement contesté. Ils espèrent bien sûr se tirer d'affaire, alors si vous vous heurtez à des commentaires vagues et à des **généralisations** lorsque vous cherchez une réponse précise, il est fort probable que quelqu'un essaie d'éviter la vérité et qu'il a probablement quelque chose à cacher.

- Le **fantôme** ou, comme on l'appelle aussi, le traitement silencieux, est une tactique préjudiciable. Permettez-moi de partager quelque chose avec vous : j'ai eu un patron qui, lorsqu'il ne voulait pas répondre à quelque chose (une demande d'augmentation de salaire ou un problème délicat à régler avec un client, par exemple), disparaissait *littéralement*. Mes e-mails restaient sans réponse et les messages que je laissais sur son téléphone s'accumulaient. Je savais qu'il était toujours vivant et actif car d'autres collègues avaient mystérieusement eu de ses nouvelles ! J'étais confuse, anxieuse et convaincue d'avoir fait quelque chose pour l'offenser. Finalement, je laissais tomber le problème et il obtenait ce qu'il voulait.

- Les **promesses de changement**. Elles sont souvent faites par les personnes coupables de comportements toxiques lorsqu'elles remettent à plus tard l'épreuve de force finale. C'est un peu comme déplacer les poteaux de but, car les promesses peuvent être faites et, en fait, le manipulateur vous déresponsabilise en prétendant entendre vos inquiétudes et en offrant une (fausse) solution. Dans la plupart des cas, ce changement n'arrive jamais.

- **Agressivité passive.** Soyons honnêtes, la plupart d'entre nous l'ont fait ou l'ont rencontré d'une manière ou d'une autre. C'est l'art de faire semblant de ne pas vouloir quelque chose ou de viser un résultat final tout en agissant comme si le sujet était le plus éloigné de nos esprits. Il peut également s'agir d'une tactique délibérée pour aborder un désir par des moyens indirects : un ami qui est toujours en retard peut essayer "subtilement" d'exercer son contrôle et son sentiment d'importance, par exemple.

5. SOUS-ENTRETIEN

Une tactique parfaite des types malveillants consiste à affaiblir leur cible par tous les moyens possibles, en exerçant leur propre pouvoir, leur force et leur supériorité supposée.

- **L'agressivité**. L'agressivité et la rage de quelqu'un d'autre peuvent souvent vous obliger à vous soumettre. Cette tactique d'intimidation permet de s'assurer que vous faites ce qu'il veut, et elle fait partie des pressions et de la coercition dont j'ai parlé dans le chapitre précédent. Face à un tel bruit et une telle fureur, il n'est pas toujours facile pour vous de soulever des objections.
- La **punition**. Cette tactique peut prendre la forme de violences physiques ou de menaces dans le but de vous affaiblir.
- Le **chantage**. On vous menace peut-être de révéler un secret ou de faire du mal à des proches. Si c'est le cas, rappelez-vous qu'il s'agit d'une activité *illégale*. Aussi grand que soit votre secret, personne n'a le droit d'exercer son influence sur vous de cette manière.
- **Corruption**. Cela fait partie du stratagème de la tentation que nous avons examiné plus tôt dans ce chapitre. Des récompenses, comme le sexe ou d'autres friandises, sont agitées devant vous... ou utilisées comme des armes. Quelle que soit la situation exacte, le refrain commun est le suivant : *vous n'aurez pas à faire ceci si vous faites cela à la place.*
- La **peur imaginée**. C'est un excellent outil pour les politiciens. *Ne votez pas de cette façon, ou ceci va arriver,* ou *faites attention aux étrangers,* peuvent-ils insister. Très vite, nous acceptons tout ce qu'ils disent parce que nous avons besoin de sécurité. Attention : les parents et les partenaires peuvent également utiliser ce moyen de contrôle.

- Le **sarcasme**. Votre patron ou votre partenaire vous a-t-il déjà rabaissé devant les autres ? A-t-il lancé des piques sarcastiques en réponse à vos actions ou commentaires ? Si c'est le cas, ils cherchent à diminuer votre estime de soi. Il s'agit d'une technique de contrôle classique qui leur donne l'impression d'avoir de l'esprit, d'être forts et de savoir tout. Si vous vous sentez inutile, vous pourriez être tenté de les croire aussi et, finalement, vous finirez par penser qu'ils ont toujours raison.
- **Exagération**. Il s'agit d'une déformation délibérée de vos opinions pour les faire paraître absurdes et grotesques, et d'un stratagème pour vous faire paraître irrationnel. Vous pouvez avoir une petite plainte ou un soupçon à propos de quelque chose, qui est ensuite déformé et gonflé hors de proportion par la personne que vous accusez. Par exemple, imaginez que votre partenaire rentre souvent tard le soir et qu'il est un peu mal en point ; vous lui demandez donc ce qu'il fait. Vous lui demandez donc ce qu'il fait. C'est une demande normale et naturelle, mais il peut délibérément en faire tout un plat en suggérant que vous êtes paranoïaque et que vous l'accusez de vous négliger : *Quoi ? Vous voulez dire que je suis sur le point de m'enfuir et de vous laisser pour organiser un trafic de drogue ?!* Au final, ils donnent l'impression que vous avez été ridicule.
- **Les calomnies**. Les personnes désagréables cherchent souvent à salir le nom de quelqu'un d'autre afin de le dénigrer et de l'éliminer en tant qu'adversaire potentiel. Il s'agit d'une tentative de créer un avantage sur l'autre personne.
- **Peur, puis soulagement**. Celle-ci présente des similitudes avec les sauts d'humeur et la technique de réaffirmation que j'ai mentionnée plus haut, dans laquelle des éloges sont donnés, puis retirés, pour être ensuite réitérés. Dans ce cas, quelqu'un peut chercher à vous effrayer délibérément - peut-être avec un complice - pour vous offrir ensuite du réconfort et du soutien. Psychologiquement, après avoir été effrayé, vous aurez besoin de sécurité et de sûreté, et votre capacité à prendre des décisions équilibrées sera compromise. Cette situation vous rend beaucoup plus malléable.

- **Isolement**. Les personnes maltraitantes cherchent souvent à vous séparer de vos amis et de votre famille. Avez-vous déménagé de votre quartier à la demande de quelqu'un d'autre ? Vous restez à la maison avec votre partenaire plutôt que de fréquenter des gens parce qu'il préfère passer du temps avec vous seul ? Attention : vous êtes plus faible seul et plus facile à contrôler, comme nous le verrons dans les études de cas du chapitre six.

6. SURMONTER

Tous les manipulateurs veulent que vous vous sentiez mal à l'aise. Si vous vous sentez sous pression ou hors de vos moyens, il est plus facile de vous tromper. Faites attention à ce qui suit :

- Le **jargon**. Les vendeurs ou les mécaniciens douteux aiment souvent se faire passer pour des experts en la matière, parlant rapidement avec des phrases compliquées. En vous faisant sentir petit et ignorant, contrairement à leur savoir, vous êtes plus susceptible d'accepter ce qu'ils disent.
- **Les statistiques**. Méfiez-vous toujours d'un diagramme à barres. Les sondages Vox pop sont un peu mieux, et les politiciens et les gens du marketing peuvent leur faire dire ce qu'ils veulent. Il est important de ne pas se laisser influencer par eux.
- **Comparaison.** Il est courant de s'entendre dire que l'on doit penser d'une certaine manière parce que d'autres personnes le font. C'est un fait psychologique que nous supposons souvent que la majorité a raison, même si ses opinions diffèrent des nôtres. Les tricheurs s'en serviront à leur avantage, inventant souvent des alliés pour vous rallier à leur cause.
- **Hors de votre zone de confort.** La plupart des trompeurs s'épanouissent sur leur propre terrain. Dans un environnement peu familier, vous êtes désavantagé, et c'est là que vous devez être le plus méfiant.
- Les **délais**. J'ai personnellement remarqué la récente montée en ligne des comptes à rebours. J'entends par là cette petite horloge sur le côté de l'écran, qui nous presse alors que nous essayons d'effectuer un

achat. C'est presque comme si on nous incitait à faire des erreurs non remboursables ! De même, qui ne s'est pas fait dire d'acheter un article à ce moment précis parce que c'est le dernier en stock, de peur que l'offre spéciale n'expire ce jour-là ? Lorsque nous sommes énervés, nous ne pouvons pas être les plus vigilants.

- **Suivre le troupeau.** La pression des pairs est un problème vicieux mais omniprésent dans la société. Elle se déchaîne dans la cour de récréation, au bureau et dans les salles de sport ; elle trouve son oxygène dans les médias sociaux et la publicité lui donne la possibilité de respirer. Les manipulateurs emploient des phrases chocs telles que : *tout le monde pense ceci, fait ceci, a ceci, alors vous devriez aussi.* Rapidement, il est facile de perdre de vue nos propres besoins individuels parce que nous sommes si désireux de sauter dans le train en marche et de faire partie de la foule.

- Le **lavage de cerveau.** Ce n'est pas seulement le terrain de la science-fiction et des dystopies effrayantes. Il arrive souvent que l'on nous impose les vues d'une personne, d'un parti politique ou d'un média au point de ne plus avoir de place pour nos propres opinions. Si on nous répète quelque chose suffisamment de fois, sans nous faire voir une autre perspective, nous pouvons perdre de vue qui nous sommes et ce que nous pensons, ce qui fait de nous des proies faciles. Nous verrons cette technique employée avec beaucoup d'efficacité dans les études de cas de victimes que nous examinerons au chapitre six.

7. PROBING.

La plupart des manipulateurs sont des maîtres de l'intelligence émotionnelle et l'utilisent à des fins sinistres. Par là, je veux dire qu'ils emploient :

- **Observation.**
- **Questions.**
- **L'écoute**, qui consiste à vous laisser parler en premier ou à faire l'essentiel de la conversation.

Leur objectif est de vous faire révéler vos faiblesses, vos points d'accès et vos préférences. Une fois qu'ils les connaissent, ils peuvent les utiliser contre vous pour leur propre bénéfice.

8. *ESCALATION*

Il est assez fréquent qu'une personne soit abusée sur une échelle mobile.

- **Le pied dans la porte.** J'imagine que nous nous sommes tous dit : ce n'*est pas un problème maintenant, et ça ne le sera que si je laisse la situation m'échapper, ce que je ne ferai pas... Pour* finalement se retourner quelques mois plus tard et découvrir que la situation est en train de *s'aggraver.* Les manipulateurs astucieux commenceront petit, puis feront grand. Ils espèrent que nous nous acclimaterons progressivement et que nous deviendrons aveugles à l'exploitation parce que nous nous sommes habitués à ce qu'ils nous demandent des faveurs et à ce qu'ils fassent des demandes à un stade moins grave.
- La **réciprocité mise en scène.** Vous êtes-vous déjà trouvé dans une situation où quelqu'un vous rendait un service et en attendait un autre, beaucoup plus important, en retour ? La réciprocité par étapes est une astuce très basse qui consiste à donner un peu pour recevoir beaucoup plus tard.
- **Repousser les limites.** Il s'agit d'une autre forme du point précédent ; pour reprendre une expression : donnez à quelqu'un un pouce et il prendra un kilomètre. Les manipulateurs continuent à prendre jusqu'à ce qu'on les *arrête.*

Quel catalogue de calcul ! Utilisé à mauvais escient, tout ce qui précède constitue une véritable recette de toxicité. Il est difficile de ne pas se sentir un peu essoufflé après avoir jeté un coup d'œil à ces machinations ; pourtant, ce sont des techniques actives qui apparaissent et sont tissées directement dans nos vies. Elles existent dans nos foyers, sur les campus, dans les hautes sphères de l'État, dans les rues, sur les panneaux d'affichage et sur les lieux de travail. Lisez ce qui suit pour voir comment elles se manifestent dans des exemples quotidiens, juste sous notre nez.

CHAPITRE CINQ

Confessions de la salle du conseil - Les pratiques tranchantes en action

Ne cherchez pas plus loin que le lieu de travail pour voir des exemples concrets de manipulation en jeu. Je parle des collègues qui prétendent assurer vos arrières mais qui, en secret, vous rabaissent dans le but de bloquer votre ascension et de faciliter leur propre promotion. Je parle aussi de ces patrons rusés qui vous poussent, vous cajolent et vous contraignent pour maximiser leur productivité et leur profit.

Pour diriger une entreprise avec succès, vous avez certainement besoin d'un certain nombre de caractéristiques qui vous différencient des autres : ne pas transpirer sous la pression, faire preuve de charme, prendre des risques et avoir des compétences en gestion. Sans aucun doute, un patron doit aussi être en contact avec son côté sombre.

Il existe de nombreux manuels qui peuvent vous apprendre comment progresser dans les affaires. La détermination et d'excellentes capacités de motivation figurent en tête de liste de ce dont un entrepreneur a besoin s'il veut monter en flèche. Certains éléments plus sombres - l'impitoyabilité, le jeu et la persuasion - ne sont pas toujours inclus et, s'ils le sont, ils sont souvent rapidement survolés. Pourtant, c'est ce genre d'éléments que de nombreux recruteurs recherchent en réalité lorsqu'ils recrutent. Ce sont souvent ceux qui adoptent une approche impitoyable des affaires qui réussissent le mieux, et ce sont malheureusement les personnes ayant des tendances antisociales qui ont tendance à s'élever le plus rapidement dans les environnements axés sur les objectifs.

Nous allons explorer quelques études de cas qui examinent de près la dynamique de la manipulation dans un environnement professionnel. Le premier est celui de Steve Jobs, l'ancien PDG d'Apple, qui nous a beaucoup inspirés mais qui n'en est pas moins impitoyable. La deuxième étude de cas concerne un type plus sombre qui restera anonyme pour l'instant.

Profiter des hauteurs du succès ; les tactiques d'un génie

À ce stade, Apple est devenue l'une des entreprises les plus importantes et les plus prospères du monde, et le catalyseur de cette réussite est Steve Jobs. Il n'est pas exagéré de dire qu'il était un manipulateur très puissant et habile.

Il n'en a pas toujours été ainsi - en tant que jeune homme et lors de la création de la société en 1976, on pourrait dire que son comportement tendait vers l'imprudence. Il y avait un aspect largement autodestructeur dans son égocentrisme, sans aucune concentration ni discipline. C'était un homme qui ne semblait pas se soucier des conséquences ou de la façon dont il pouvait ouvertement bouleverser les sentiments de ceux qui l'entouraient. En tant que tel, il gérait les situations de manière imprudente et se faisait des ennemis puissants qui le liquidaient lorsqu'il n'était pas préparé.

Jobs a quitté Apple en 1985. Que cette décision ait été volontaire ou forcée est une question subjective dont les historiens débattront probablement pendant des années. Quoi qu'il en soit, ce qui nous intéresse ici, c'est son retour en 1996, et son accession au poste de PDG l'année suivante.

La transformation de son caractère et de ses techniques commerciales était stupéfiante. C'est le genre de choses sur lesquelles les auteurs de livres d'auto-assistance pour les entrepreneurs pourraient écrire plusieurs volumes !

Jobs est revenu avec la stratégie parfaite nécessaire pour réussir, comme s'il était devenu un expert sur la façon d'obtenir exactement ce qu'il voulait et de réaliser de grandes choses. Comme vous le savez probablement, ces grandes choses ont été réalisées !

Certaines des pratiques employées par Jobs lors de son second passage chez Apple ressemblent étrangement aux méthodes des archi-manipulateurs dont j'ai parlé dans le chapitre précédent. Elles incarnent les techniques classiques de persuasion, d'intimidation de bas niveau et de détournement d'attention, associées à une grande concentration. Nous allons les passer en revue maintenant, car ce sont vraiment les tactiques d'un véritable génie. Que vous les appeliez des stratagèmes de séduction et des astuces sombres, ou qu'elles fassent partie d'un plan directeur brillant, elles ont eu des résultats matériels profondément réussis, puisque Apple est devenue la société la plus précieuse du monde dans les dix ans qui ont suivi son retour.

Il est facile de se demander si Jobs était simplement lui-même, agissant avec plus de maturité qu'avant 1985, ou s'il s'est assis et a dessiné une feuille de route pour atteindre ses objectifs. Au vu de la précision et de l'ampleur de ses réalisations, il est tentant de répondre par la seconde hypothèse.

Alors quelle était son approche ? Je vais vous guider à travers un guide en vingt points, riche en faits, de la recette de Steve Jobs pour une réussite triomphante :

1. **Travailler dur et se faire respecter**. N'ignorons pas que, dans le fond, Steve Jobs était un homme dévoué, qui avait le nez dans le guidon. Il n'était certainement pas du genre à se reposer sur ses lauriers et à laisser les autres faire le travail difficile. Steve Jobs s'engageait 24 heures sur 24, du matin au soir. Il n'hésitait pas à assumer différentes responsabilités et était prêt à faire plusieurs choses à la fois lorsque cela était nécessaire. Peut-être que cela lui venait naturellement, ou qu'il savait que c'était ce qu'il fallait pour gagner le respect et la confiance des autres. Les gens étaient plus disposés à l'écouter et à faire ce qu'il voulait parce qu'ils le considéraient comme

un vrai professionnel, prêt à faire lui-même des efforts supplémentaires. Cet exemple a placé la barre très haut pour ses collègues, les incitant à faire preuve du même dévouement.

2. Déterminez **ce qui ne fonctionne pas**. Jobs s'est donné pour objectif d'examiner sans complaisance les modèles économiques, les services et les produits qui ne fonctionnent pas. Il voulait comprendre le pourquoi et le comment de l'échec. Honnête et direct sur les défauts, il n'essayait pas d'édulcorer le problème s'il pensait qu'un produit n'était pas assez amusant, intéressant ou efficace.

3. **Améliorer et être créatif**. Dès qu'un problème était détecté, il fallait le résoudre. Il est facile d'oublier parfois que, au cœur du succès de Jobs, se trouvait la qualité. Il n'était pas un grand illusionniste ni un empereur déshabillé : il a livré des produits fantastiques qui ont révolutionné le marché. Il voyait les lacunes et les déficiences, et il les rectifiait. C'est pourquoi Jobs s'est efforcé, lors de son deuxième passage chez Apple, de réunir une équipe capable de démarrer plus rapidement, de produire plus rapidement des produits et d'innover encore et encore.

4. **Restez fluide**. Nous avons abordé ce sujet au chapitre 3 - ce n'est pas tout à fait la même chose que d'être flexible, ce qui suggère une certaine dose de compromis et de partage collégial des idées. Jobs était sans doute beaucoup plus élastique et rusé que cela ! Il a adopté l'approche, très prisée des politiciens, qui consiste à ne pas se laisser freiner par ce qu'il a dit ou pensé auparavant. Ce n'est pas parce qu'il avait critiqué quelque chose dans le passé qu'il n'allait pas en faire l'éloge dans le présent si cela correspondait à ses objectifs. Il était capable d'inverser les positions sans problème, et il profitait de la courte durée d'attention de la plupart des gens. Il serait facile de prétendre que ce qui a été dit auparavant était juste, mais en raison de l'évolution des circonstances, il savait quand il fallait adopter une position différente. C'était le moyen idéal de garder une longueur d'avance : s'adapter au changement et tirer des leçons de l'expérience sans paraître faible.

5. **Donner l'impression d'avoir toujours raison**. En plus de l'approche précédente, Jobs était également prêt à adopter les positions d'autres personnes lorsque cela lui convenait. Il lui arrivait même de proposer l'idée de quelqu'un en prétendant qu'il s'agissait de la sienne afin de s'en attribuer le mérite. Non seulement cette tactique donnait aux autres l'impression qu'il avait toujours raison, mais elle renforçait également sa force et son pouvoir. En psychologie, il existe un terme connu sous le nom de *"contrôle de la source"*, qui explique comment notre cerveau retient souvent des informations, mais peut avoir un trou de mémoire lorsqu'il essaie de comprendre d'où proviennent ces informations. Lorsque nous sommes occupés, il est naturel de laisser tomber des données qui semblent moins importantes que le noyau principal lui-même. Jobs a utilisé cette psychologie à son avantage.

6. **Ne croyez pas aux compromis**. Comme je l'ai mentionné plus haut, c'est exactement ce que faisait Jobs. Il exigeait la loyauté et insistait sur le fait que la meilleure solution était toujours la *sienne*, jusqu'à ce qu'il change d'avis.

7. **Enthousiasme**. Il n'y avait pas de demi-mesure, en ce qui concerne Jobs. Ceux qui travaillaient à ses côtés disaient souvent qu'il était un peu fou et à fond. Il aimait parler longuement de ses produits aux investisseurs ou aux clients potentiels, ce qu'il appelait *"pitcher avec passion"*. Il est difficile de ne pas trouver une telle énergie irrésistible ; il est facile de se laisser entraîner parce qu'on veut voir une vision aussi dynamique récompensée. Ainsi, la moitié de la bataille était gagnée car les mentalités et les cœurs avaient été conquis.

8. Une **perspective ensoleillée**. L'enthousiasme est aussi en partie le principe directeur qui sous-tend le maintien d'une vision positive de l'avenir. Il semble que ce soit une vérité universelle que les gens n'aiment pas entendre de mauvaises nouvelles, alors créer une perspective positive et dynamique donnera aux gens l'envie de vous entendre et de vous croire. Jobs était passé maître dans l'art de cette tactique.

9. **Parler**. En gardant à l'esprit le point précédent, Jobs a également adopté l'idée de la mise en avant. Il se présentait et faisait souvent sa propre promotion, tout autant que ce qu'il essayait de vendre, qu'il s'agisse d'un produit, d'un service, d'une idée ou d'une vision. Il répétait ensuite ce message. Gustave Le Bon appelait cette technique le *mob-steering* !

10. Un **marketing exceptionnel**. L'art de parler va de pair avec des compétences exceptionnelles en matière de marketing. Jobs savait qu'il était crucial de promouvoir ses produits - même s'il les critiquait lorsqu'il n'était pas dans l'entreprise ! et de faire passer ce message, rapidement et à grande échelle, de la manière la plus inventive possible.

11. Une **publicité créative**. Au-delà d'un marketing exceptionnel, Jobs savait qu'il aurait également besoin d'une publicité accrocheuse et colorée. Il s'agissait de convaincre les gens qu'ils devaient avoir des produits Apple parce que ces produits étaient les meilleurs et les plus avant-gardistes.

12. **Reconnaissance de la marque**. Apple a prospéré non seulement grâce à ses produits et à sa publicité, mais aussi grâce à la manière dont les gens ont pu l'identifier rapidement. Le logo est devenu une icône, par exemple, et est devenu tout à fait reconnaissable dans le monde entier.

13. **Construire une base de fans**. Toute cette publicité et cette reconnaissance ont permis à Apple de se constituer une base de fans. Il ne s'agit pas seulement pour vos clients potentiels d'avoir besoin de votre produit ; cela crée en eux un *désir*. Il y avait - et il y a toujours, dans une certaine mesure - une image positive liée au fait de posséder un produit Apple. Jobs savait que l'attrait du désir et de l'obligation d'avoir un produit était (et est toujours) un outil puissant.

14. **Abattre l'ennemi**. Jobs savait également qu'affaiblir ses concurrents serait également très bénéfique pour son entreprise. Il a utilisé un langage férocement émotif et négatif à l'égard de ses concurrents, ce

qui a contribué à créer un état d'esprit et à rallier les gens à ses idées et à ses visions.

15. **Impitoyabilité**. Jobs renvoyait souvent les personnes qui se présentaient comme des obstacles ou des objections pour lui et son entreprise. Il ne voulait rien avoir à faire avec l'échec, la réserve ou tout ce qui n'était pas possible. Si vous voulez réussir dans son orbite, vous devez embrasser l'entreprise à la manière de Steve Jobs !

16. **Utiliser une position de pouvoir**. Il n'avait certainement pas peur d'utiliser cette stratégie. Ainsi, lorsqu'il est revenu chez Apple, il a adopté une approche du type "soutenez-moi ou renvoyez-moi", sachant exactement à quel point il était vital pour l'entreprise. En fin de compte, tout se résumait à : *faites ceci ou je pars ; ne faites pas cela ou vous partez*. Il a certainement exercé son influence et son attrait commercial pour obtenir ce qu'il voulait.

17. La **flatterie**. Son pouvoir était combiné au fait de donner aux gens l'approbation dont ils avaient besoin pour être motivés et mobilisés. C'était cette flatterie à la langue bien pendue dont nous avons parlé dans le chapitre précédent - et non, elle n'était pas toujours sincère ! Il continuait à faire des éloges pour que son équipe en ait envie et s'y attende. Lorsqu'ils ne l'obtenaient pas, ils ne savaient pas pourquoi et avaient besoin de réaffirmation, cherchant des moyens de mériter à nouveau les compliments et les incitant à travailler plus dur. En bref, tout le monde voulait être son ami, ce qui est une position très forte pour un patron.

18. L'**évasion**. S'il y avait quelque chose que Jobs ne voulait pas qu'il se passe, il l'ignorait et ne s'en occupait pas. Peut-être jouait-il un jeu de poule mouillée en attendant de voir qui céderait le premier. C'est une technique classique de manipulateur : comme nous l'avons vu, c'est aussi ce stratagème d'évitement dont j'ai parlé plus tôt dans le chapitre quatre qui était privilégié par mon ancien patron.

19. **Suivez votre instinct**. Jobs voyait rarement l'intérêt de commander des études de recherche ou de repousser une décision. Si quelque

chose lui semblait juste, il le faisait. Il donnait ainsi l'impression d'être un expert né, que les gens voulaient suivre.

20. **Saisir le moment**. Malgré les conseils contraires, il a rendu public le projet Pixar peu après le buzz et le succès au box-office de Toy Story en 1995. Il a apporté le même sens de la spontanéité exubérante à Apple. Même les sceptiques ne pouvaient s'empêcher d'admirer sa confiance, qui lui permettait d'amener les gens à faire ce qu'il voulait. C'était un pari, mais la chance sourit aux gagnants, et il a gagné gros.

Il est difficile de ne pas voir le chemin de la gloire de Jobs comme étant planifié à l'avance, et les gourous du monde des affaires s'inspirent certainement de son livre. Quoi qu'il en soit, la leçon rapide et essentielle que nous pouvons tirer de la réussite de Jobs est indéniable : avec des objectifs et un sens de la concentration, la manipulation peut donner des résultats significatifs.

On peut sourire et être un méchant - L'histoire intime d'un maître manipulateur

Vous reconnaissez peut-être une partie de mon sous-titre ici. Elle est tirée de la pièce emblématique de William Shakespeare, *Hamlet*, et intervient au moment où le protagoniste, le prince du Danemark, se rend compte que son joyeux oncle est responsable du meurtre de son père. Cette expression en est venue à décrire parfaitement la capacité d'une personne à se montrer agréable, tout en accomplissant des actes sombres et manipulateurs. Je voudrais vous parler d'un milliardaire qui a pris cette approche à cœur et qui est aujourd'hui l'une des personnes les plus puissantes du monde. Appelons-le, pour des raisons d'anonymat, B.

L'ascension de B. a été spectaculaire. Il est passé d'un simple gratte-papier à l'un des PDG les plus riches et les plus influents de la planète, à la tête d'une organisation multinationale qui fournit des services et des produits axés sur les personnes dans le monde entier.

Mais comment a-t-il fait ?

Je vais vous donner un indice : il s'agit de l'**image qu'**il s'est créée dans un monde où la langue de bois et le style l'emportent souvent sur la substance. Il a tellement bien réussi que des hommes politiques ont suivi son exemple dans leur façon de fonctionner et de se présenter.

Bien sûr, il est issu d'une famille de Blancs privilégiés. Il critique aujourd'hui l'élite dans son rôle d'homme du peuple, mais ses propres racines étaient plutôt tranquilles : les meilleures écoles, les meilleurs avantages et les meilleures opportunités étaient tous à ses pieds. Il est certainement né avec une cuillère en argent dans la bouche et avec les bons contacts, les fonds et l'influence nécessaires pour aller loin. Cependant, il a toujours su très bien couvrir ses traces en cours de route.

Le succès de son entreprise dépend du fait qu'il soit un **homme ordinaire** : accessible, l'un des nôtres, et un guerrier contre l'injustice et les droits. Tel est le rôle qu'il joue, et il nous dit maintenant que les types de l'Ivy League sont l'ennemi parce qu'ils sont déconnectés et ne se soucient pas de nous ou de nos besoins. Il critique les autres chefs d'entreprise et les organisations, en disant qu'ils sont distants et conçus uniquement pour servir les 1% les plus riches. Vous voyez ce qu'il fait là ? Il utilise la tactique du *revirement que* j'ai décrite au chapitre 4. Nous semblons tous oublier commodément que B est en fait l'ennemi *même* qu'il décrit parce qu'il s'est habilement érigé en son adversaire !

L'adoption d'expressions idiomatiques et de **termes familiers fait** partie intégrante de ce rôle de monsieur tout le monde, et B les introduit dans son discours chaque fois qu'il le peut, avec un *"buddy"* par-ci, un *"y'all"* par-là. Nous pensons qu'il nous comprend lorsqu'il nous parle de ses produits et services, et quiconque l'a entendu parler peut être facilement ébloui par la vitesse à laquelle il enchaîne ses phrases ; il espère que nous n'aurons pas le temps de scruter les détails exacts de ce qu'il dit.

De manière cruciale, B a exploité le langage de l'aspiration tout au long de sa carrière. Depuis les premiers jours de son succès commercial, il nous a donné l'idée qu'il est alimenté par une **vision**. Il prône une uto-pie, dans laquelle nous serons tous plus riches et plus heureux, si seule-ment nous adoptons ce qu'il propose, et les hautes terres ensoleillées du confort matériel seront à nous si nous achetons ce qu'il vend. C'est un message séduisant - nous voulons y croire, même si nous voyons des défauts ou des pièges dans certains des services et produits qu'il promeut. B a réussi avec brio à créer un environnement dans lequel les consom-mateurs sont prêts à lui accorder le bénéfice du doute parce qu'ils veulent tellement que les rêves qu'il promeut deviennent réalité.

La stratégie marketing de B. est astucieuse et, tout au long de ses activités, elle a été mise en place pour positionner ses produits comme étant bons pour la planète d'une certaine manière. En les achetant, il sug-gère que nous contribuons à une bonne cause et à notre gain matériel, ce qui semble être une situation gagnante pour nous. C'est une stratégie plu-tôt intelligente : nous dépensons notre argent, nous augmentons ses bé-néfices et nous croyons faire quelque chose de **positif**. La psychologie machiavélique qui se cache derrière cela est incroyable.

Il est clair que la caractéristique principale et distinctive de B a été de jouer les idiots et de faire semblant d'être l'ami de tout le monde tout au long de sa carrière. Nous connaissons tous ce genre de personne : elle sourit, plaisante, utilise des expressions extravagantes qui nous font rire. Ils peuvent également bafouiller et fanfaronner, et faire des erreurs oc-casionnelles en cours de route. Pour quelle raison ? Elle espère nous charmer et nous **désarmer**. *Cette personne ne peut pas être une menace*, pensons-nous. *Elle est trop excentrique pour être trompeuse. Regardez, avez-vous vu la façon dont ils s'habillent et se brossent les cheveux ?* C'est une technique astucieuse car elle peut alors agir comme un serpent dans l'herbe sans que nous ne soupçonnions ou ne réalisions jamais sa véritable nature. De plus, si nous les aimons, nous sommes enclins à leur pardonner la plupart de leurs actes. Donner l'impression d'être inoffensif et sympathique est un outil précieux pour les manipulateurs, et B a pris cela à cœur.

C'est pourquoi il a réussi à faire les choses les plus incroyables pour aller de l'avant et rendre son entreprise plus rentable. C'est le secret de sa richesse toujours croissante. Nous pouvons nous attendre à ce que B soit **impitoyable** quand il le veut, mais nous ne le remarquons pas ou ne pensons pas qu'il l'est parce qu'il joue le clown si fréquemment et si bien. C'est une parfaite tactique de distraction. Il élimine les dissidents en laissant entendre qu'ils sont faibles, qu'ils ont le nez bouché et qu'ils "ne suivent pas le programme". Il pulvérise les concurrents commerciaux avec un jargon agressif, qui plaît aux foules et qui suscite beaucoup d'émotions. Plus encore, il ridiculise les objections à ses propositions en suggérant que les autres ne comprennent pas sa vision, ou qu'ils sont des peureux manquant de jugeote et de fibre morale.

En effet, tout au long de sa carrière et de son ascension au sommet du conseil d'administration, B n'a cessé de minimiser les plaintes de ses adversaires. Il dit carrément qu'ils ont tort ou qu'ils sont trop bêtes pour voir les avantages de ses suggestions. Il a été difficile pour les autres de former des alliances contre lui car personne ne veut être considéré comme pathétique, stupide ou faisant une montagne d'une taupinière. L'approche **réductrice** de B. s'est avérée être un coup de maître pour neutraliser son opposition.

Dénigrer ceux qui se trouvent sur son chemin n'a jamais été un problème pour B au cours de son ascension régulière. Espérant évincer une concurrente interne, B a souvent commenté ses faiblesses : ses insomnies et son manque d'esprit de décision pour trouver un compromis. Lorsqu'elle concluait des accords et des négociations, il les critiquait comme étant peu réfléchis et dommageables pour l'entreprise. Sa popularité est en chute libre, et rien ne s'oppose à ce que B prenne la première place.

Ce que j'ai toujours trouvé intéressant chez B, c'est sa capacité à avoir une règle pour lui et une autre pour les autres. Par exemple, il a réussi à obtenir une augmentation de salaire pour lui-même, alors que le reste de ses collègues étaient *gelés*. Il a fait valoir qu'il était un générateur de richesse et a insisté sur le fait que ses collègues devaient travailler aussi dur que lui et avoir autant de succès, pour obtenir une augmentation de salaire également. Étonnamment, cela n'a pas conduit à une mutinerie de masse, mais à une éthique de travail accrue. Il a utilisé des tactiques de blâme et de désorientation pour **déjouer** complètement ses détracteurs. L'accent était mis sur la productivité des autres plutôt que sur l'hypocrisie de ses actions.

Au début de sa carrière, B tenait à **placer la barre très bas au départ**. Il sous-estime les délais de livraison ou les capacités, en contradiction directe avec ce que ses équipes de recherche lui disent en privé. Il s'agissait d'une tactique délibérée ; lorsque le produit sortait "plus tôt que prévu" ou dépassait les spécifications attendues, B était dans une position idéale pour présenter ce résultat comme un coup de maître. Cela contribuait à renforcer l'idée que lui et l'entreprise étaient des personnes fonceuses et capables, la satisfaction du client étant primordiale.

Une autre technique que les observateurs ont remarquée est que, pendant la montée de B, il **fabriquait un problème de façon à ce qu'on le voie le résoudre.**

Un accord important était en cours de négociation entre son organisation et une autre. Pendant un moment, il a semblé que la position de négociation de B était faible, et que ses détracteurs étaient prêts à bondir et à l'évincer. Il nous a dit à tous, par le biais d'une série d'interviews et de communiqués de presse, que l'autre entreprise faisait obstacle à l'accord et qu'il refuserait de négocier si elle ne changeait pas de position. Il a affirmé que ce qu'ils offraient était préjudiciable à son organisation et à ses actionnaires, et qu'il n'avait certainement pas peur de se retirer de l'accord. Le message est clair : si l'accord échoue, ce sera la faute des autres (car B aime jouer les innocents). La calamité semblait proche et, si son entreprise vacillait, c'est toute l'économie qui aurait pu être en danger. Les investisseurs, les consommateurs et les initiés sont sur les dents, et la tension devient presque insupportable.

Peu de temps après, B est revenu à la table des négociations, invoquant un changement négligeable et presque invisible de la position de l'autre partie - un changement totalement imaginaire. L'accord qu'il a obtenu pour son organisation était sans doute moins avantageux que celui que son prédécesseur avait obtenu avant son départ. Cela ne semblait pas avoir d'importance ; à ce stade, les actionnaires étaient soulagés qu'un accord ait été conclu. Le rôle de B en tant que sauveur et champion compétent était assuré.

L'image de soi est importante pour le succès de ce milliardaire, comme je l'ai dit. Pour maintenir cette image, il faut notamment **accaparer le devant de la scène** et isoler tout concurrent. Au début de l'ascension de B., il était à la tête d'une équipe chargée de résoudre des problèmes apparemment insolubles en termes de capacité d'innovation, d'efficacité de la chaîne de production et de coûts opérationnels. Un collègue situé plus bas dans la chaîne de rémunération a réussi à identifier une ouverture chez un fournisseur qui permettrait d'accélérer les délais de livraison tout en réduisant les dépenses. La solution à ce problème était en vue, mais la réponse de B a été de transférer le collègue dans une autre équipe d'un département en retrait - en invoquant des problèmes de performance - puis de redonner au projet toute sa gloire. Aujourd'hui, tout ce dont on se souvient, c'est que B a rendu l'impossible possible.

Rassurez-vous, B n'a jamais eu peur de **s'attribuer le mérite de ce qui marche et de rejeter la faute sur ce qui ne marche pas.** C'est un stratagème crucial pour se présenter comme une histoire à succès et cela l'a aidé à construire ses milliards.

La seule constante de cette longue et turbulente carrière a été la capacité de B à se construire en tant que marque. B parle de ses réussites chaque fois qu'il le peut, et ce sentiment accru d'**estime de soi** nous séduit. Après un certain temps, il est facile pour nous d'être éblouis et de croire au battage médiatique. Si on nous répète quelque chose assez souvent, cela devient une sorte de vérité. Les maîtres de la tromperie et de l'exploitation - PDG, politiciens, vendeurs, publicitaires, abuseurs émotionnels et criminels - en comprennent tous l'importance.

Nous avons vu que B n'a pas eu peur de tromper, de mentir et de manipuler pour arriver au sommet. Il a utilisé habilement des pratiques douteuses pour s'assurer de devenir un gagnant lucratif, mais à quel prix pour le fair-play et ceux qui se sont mis sur son chemin ? Les dégâts sont incalculables, mais notre monde matérialiste et l'histoire semblent ré-compenser les forts. Il n'est pas étonnant que B conserve une attitude optimiste et impénitente.

Il a constamment fait preuve d'un comportement qui, dans d'autres domaines, lui aurait probablement valu une peine de prison. Je ne peux m'empêcher de me demander comment une telle personne peut se regar-der dans le miroir ? Ne réfléchissent-ils jamais aux dommages collaté-raux qu'ils ont causés ? Ils ont été motivés par le profit et le gain, mais ne sont-ils pas gênés par ce qui a été perdu ?

CHAPITRE SIX

Damage Done - Les victimes de la manipulation

Je vous ai montré les techniques employées par les manipulateurs : les bonnes, les mauvaises et les plus sombres. Je vous ai également montré un aperçu du mal et des vrais visages derrière les masques. Nous avons exploré le narcissisme, le machiavélisme, la sociopathie et la psychopathie, et j'ai décrit en détail les nombreuses réussites des types de calcul dans le monde des affaires. En substance, nous avons examiné la portée mortelle des stratagèmes d'exploitation et d'avidité de pouvoir, et ce qui les sous-tend psychologiquement.

Nous pouvons tous voir les sombres frissons que certaines machinations peuvent procurer à certaines personnes. Les astuces, les jeux et les stratagèmes sont synonymes de triomphe et de satisfaction pour une poignée de personnes triées sur le volet. Mais je voudrais maintenant poser une question importante : qu'en est-il de l'autre côté de ces stratagèmes et de ceux qui *n'en sortent pas* vainqueurs ?

Pour chaque gagnant intrigant, il y a souvent de nombreux perdants dans le jeu. Nous ne devons jamais l'oublier.

Nous allons maintenant nous pencher sur certaines victimes spécifiques de la manipulation. L'une est fictive, bien que reconnue mondialement comme étant l'Othello de Shakespeare. L'autre est réelle, son identité étant protégée et son anonymat préservé.

Brought Low by a Beast : Un cœur brisé ; comment la manipulation a ruiné l'amour

J'aimerais vous parler d'une jeune femme qui est venue me demander conseil après avoir subi les conséquences de graves problèmes relationnels, qu'elle sentait l'enfoncer. Comme il s'agit d'un cas sensible, je l'appellerai simplement A.

Tout a commencé dix ans auparavant, lorsqu'elle a rencontré un garçon, peut-être semblable à la plupart des histoires que nous avons vues ou lues auparavant. Elles ont aussi souvent la même fin. Malgré les similitudes universelles - qui se répètent à travers l'histoire, les continents, les ménages et les modes de vie - il ne s'agit pas de sous-estimer les effets dévastateurs que peuvent déclencher ces relations malheureuses. Ces effets sont personnels et individuels, causant des dommages profonds et à long terme, comme nous allons le voir.

Comme beaucoup d'entre nous, A pensait avoir trouvé l'amour. Elle avait une vingtaine d'années, était jeune, belle et pleine d'initiative. L'espoir et les opportunités s'offraient à elle, et elle avait l'énergie, l'esprit et la passion pour réaliser tout ce qu'elle voulait. Elle a rencontré son nouveau partenaire lors d'une fête - nous l'appellerons Nick. Ils ont sympathisé instantanément alors qu'il racontait des blagues et flirtait, et elle a été immédiatement charmée. Il lui a offert des commentaires excessifs, mais délicieux, des compliments qui lui ont fait tourner la tête. Il semblait peut-être un peu plus intéressé à parler de lui, mais il posait plus ou moins les bonnes questions quand il le fallait. Il semblait ouvert et honnête, et il avait envie de partager et de demander son avis.

Nick était un peu plus âgé, mais ça n'avait pas d'importance. Cela le faisait paraître plus expérimenté et mature. Il était sur le rebond : la victime, disait-il, d'une relation émotionnellement abusive. La corde sensible de A est tirée lorsqu'il lui raconte ce qui a conduit à la rupture de sa précédente relation. Son ancien partenaire l'avait trompé avec son meilleur ami ; les deux s'étaient enfuis ensemble, le laissant brisé, endetté et en manque de réparations.

Qui ne pourrait pas résister à une telle invitation ? La sympathie et la compréhension de A ne se sont pas démenties, et les choses se sont développées assez rapidement à partir de là.

La romance était un tourbillon de passion. Nick était gentil et attentif, et il ne cessait de complimenter et de traiter A quand il le pouvait. Il la couvrait de cadeaux : fleurs, parfums, bijoux, tenues. *Tu es superbe là-dedans,* lui disait-il. *J'aime quand tu es en rouge.* L'attention qu'il lui portait était incroyable. *Je te veux pour moi tout seul,* lui disait-il. Il l'a certainement fait se sentir spéciale. Elle était le centre de sa vie ; lui, le sien.

Ils voyageaient, faisaient la fête et partaient à l'aventure. Au début, il payait son chemin et partageait les frais à parts égales. S'il buvait un peu plus qu'elle ou si ses goûts étaient un peu plus extravagants, cela n'avait pas d'importance pour A. Elle appréciait sa compagnie, et elle gagnait plus que lui, donc cela ne la dérangeait pas de participer à ses frais.

Lors de ces voyages, il baissait encore plus sa garde - ou peut-être était-ce A. Mais elle était sûre que c'était lui. Il s'est ouvert sur la relation difficile qu'il avait avec sa famille, lui racontant comment son père autoritaire était envieux de son lien avec sa merveilleuse mère et comment ses frères et sœurs étaient tous horribles avec lui. Il lui a parlé de son patron qui le contrôlait et l'exploitait, et qui n'appréciait pas son talent. Autour d'un verre, Nick s'insurge contre tous les mensonges de son ex-femme, qui ont provoqué leur divorce.

Le divorce ? Vous étiez mariés ? s'enquiert A. C'est *vrai*, insista-t-il, un peu irrité. *Je te l'ai déjà dit.* Il ne l'a pas fait, bien sûr. Qu'est-ce que ça peut faire, demande-t-il ; A ne va pas se mettre à pleurnicher à ce sujet, n'est-ce pas ? S'il y avait une chose que Nick trouvait pathétique, c'était les types jaloux ! Après leur discussion, A pense que ses inquiétudes sont minimes et les met de côté.

Avec les problèmes au travail et la promotion qu'il espérait ne pas obtenir, Nick avait du mal à payer son loyer. Il disait toujours à A qu'il était fauché et que son appartement tombait en ruine. Chaque fois qu'il était chez A, il était heureux, et il parlait toujours des merveilles de son appartement. Bientôt, comme si c'était une idée qui venait naturellement, A a trouvé une solution aux soucis de Nick - pourquoi n'emménageait-il pas avec elle ? C'est ce qu'il a fait. Dans le cadre de cet arrangement, il semblait naturel qu'elle paie les factures, puisqu'elles *étaient* à son nom. Elle n'allait pas faire la fine bouche à ce sujet. Quand il aurait son augmentation de salaire, il commencerait à payer sa part.

Mais la promotion n'est jamais arrivée, et Nick a quitté son travail peu de temps après, invoquant des différences créatives. Il avait une nouvelle idée, un projet qu'il avait besoin d'espace pour le développer. Si seulement ils avaient un endroit avec une meilleure lumière, une cour, ou un balcon peut-être, alors ses jus créatifs pourraient couler. *Tu veux que je m'épanouisse, n'est-ce pas ?* demandait-il à A. Peu après, ils ont déménagé dans un nouvel appartement, aux frais de A.

Ça te dérange si j'utilise ta voiture ? Il a dit. *J'ai besoin de me déplacer pour des entretiens d'embauche et des trucs pour présenter mes idées.* Elle lui a donc prêté les clés, et les amendes et les tickets de parking impayés se sont rapidement accumulés, tous au nom de A. Elle les a payés dès qu'il a été clair que Nick n'avait pas l'intention de le faire, bien qu'il ait promis de la rembourser.

Il a parlé en long et en large de ses projets et de la façon dont il comptait la traiter bientôt, car les cadeaux avaient cessé d'arriver, les anniversaires oubliés. *J'ai juste beaucoup de choses en tête*, a-t-il dit. *Tu comprends, n'est-ce pas, chérie ? Tu ne vas pas me casser les couilles avec ça, hein ? Je suis trop faible comme ça !*

Il a expliqué que le fait d'avoir été licencié l'avait beaucoup ébranlé. Elle était choquée d'entendre ça : Viré ? Elle avait cru qu'il avait démissionné. *Oui, viré*, gémit-il, agacé et contrarié. *tu le sais : pourquoi me mettre le nez dedans ?* Elle se demanda si cela expliquait les bouteilles vides d'alcool bon marché qu'elle trouvait sans cesse dans les poubelles, et pourquoi il avait souvent l'air débraillé quand elle rentrait du travail.

Ils sortaient rarement ensemble, car il ne pouvait pas se le permettre et elle détestait le quitter. Il la suppliait souvent de rester avec lui - je *ne sais pas ce que je pourrais me faire si je restais seul,* disait-il. Rapidement, A s'est isolée de ses amis et de sa famille. Lorsqu'ils appelaient pour prendre de ses nouvelles, Nick répondait au téléphone, toujours prêt à donner une excuse : elle avait du travail ou ne pouvait pas aller les voir parce qu'elle s'inquiétait pour l'argent.

C'est sûr, l'argent était un souci. Elle voulait un enfant, mais cela ne l'intéressait pas et ils ne pouvaient pas se permettre d'avoir une autre bouche à nourrir. A payait pour eux deux, et il avait commencé à lui emprunter de l'argent, accumulant des dettes qu'il lui demandait d'éponger. Elle trouvait sur sa carte de crédit des dépenses qu'elle ne pouvait pas vraiment expliquer, et lorsqu'il a eu un accident avec sa voiture et l'a laissée comme une épave, il a dit qu'il lui en offrirait une nouvelle une fois qu'il serait remis sur pied.

A pouvait sentir qu'elle devenait désespérée. Elle se sentait désénergisée et comme si la vie était lentement aspirée hors d'elle. Elle ne pensait pas pouvoir le quitter car elle était sûre de l'aimer. Quel genre de personne serait-elle si elle quittait un homme qui était au plus bas comme lui ? Il n'était pas *violent.* Il lui faisait encore de temps en temps des compliments qui illuminaient son monde, et il y avait encore de la passion dans la chambre !

Lentement mais sûrement, les choses ont empiré. Nick disparaissait souvent pendant un jour ou deux, soit pour se vider la tête, soit pour voir un copain. Il y avait toujours des divergences et des petites choses sur lesquelles elle n'arrivait pas à mettre le doigt dans les histoires qu'il racontait. L'iPhone qu'elle lui a acheté, parmi d'autres cadeaux qu'elle lui a offerts, a commencé à disparaître. *Je ne suis pas moi-même,* disait-il. *Je perds toujours des choses ; ne me fais pas me sentir plus mal que je ne le suis déjà.*

Lorsqu'ils sortaient, on trouvait souvent Nick de l'autre côté de la pièce en train de flirter avec d'autres femmes. Une fois, la caissière du magasin local s'est plainte à A qu'il l'avait draguée et qu'il lui avait fait des propositions inappropriées ; cependant, Nick a rejeté toutes ces affirmations en les qualifiant de fantaisistes. A était juste en manque d'affection et cruel, a-t-il insisté. Désorienté par ses affirmations, A était enclin à le croire.

Je suis sûr qu'à présent, vous pouvez reconnaître dans le comportement de Nick un grand nombre des traits et des tactiques dont nous avons parlé aux chapitres 3 et 4. Malgré toutes les épreuves, A ne voulait toujours pas le quitter. Elle n'était pas sûre de trouver quelqu'un d'autre qui l'aimait autant et doutait de pouvoir aimer quelqu'un de mieux. Elle s'est convaincue que toutes les relations ont des hauts et des bas. Nick a peut-être été et devient de plus en plus instable, mais il semble être un homme bien au fond de lui, mais peut-être un peu malchanceux ? Elle ne voulait pas le contrarier ou ajouter à ses inquiétudes.

Puis, Nick a disparu pendant une semaine. Frénétique, A a essayé d'appeler toutes les personnes qu'elle connaissait. Finalement, la petite amie de son copain - nous l'appellerons Zoe - est venue la voir. *Il ne reviendra pas,* a expliqué Zoe. *J'ai entendu qu'il discutait avec les gars, et je n'ai pas aimé ce que j'ai entendu. Je lui ai donné un ultimatum, vous voyez. Soit il vous le dit, soit c'est moi.*

A pouvait sentir son corps entier devenir froid. *Dis-moi quoi ?*

C'est à ce moment-là que A. a appris la déchirante vérité : Nick a eu une liaison intermittente avec la voisine de leur ancien logement pendant cinq ans. Il a mis la fille enceinte et lui a demandé d'avorter, ce qu'elle a fait. Cependant, la fille est retombée enceinte et a voulu le garder cette fois. Nick se plaignait à ses copains qu'il ne savait pas quoi faire ; lorsque Zoé l'a entendu, elle a insisté pour qu'il dise à A la vérité.

Nick n'a jamais eu le courage de lui faire face, cependant.

A a jeté ses affaires à l'extérieur, changé les serrures, mis l'appartement sur le marché et quitté son emploi pour retourner vivre avec sa famille. Dans les mois qui ont suivi, toutes ses connaissances avaient une histoire à lui raconter sur Nick : comment il faisait des avances sexuelles, était vu avec d'autres femmes, rabaissait A et vendait ses biens pour acheter de la drogue. La liste était *sans fin*, et elle ne pouvait s'empêcher de se demander pourquoi elle n'avait pas repéré tout cela elle-même. Plus que cela, quelles autres informations lui avaient été cachées ? Cette pensée fut rapidement remplacée par la réalisation qu'elle ne les aurait pas crus, même s'ils l'avaient fait.

Je lui ai dit qu'elle avait eu la chance d'échapper à Nick, mais elle m'a avoué qu'elle était frustrée d'avoir perdu dix ans de sa vie avec un escroc. Dix années qu'elle ne récupérerait jamais. On lui avait lavé le cerveau et vendu un fantasme, qu'elle avait accepté à son propre détriment. Sans aucun doute, la situation l'a laissée avec des sentiments :

- Stupide et humilié.
- Dévalué.
- Doutant de sa propre valeur.
- Incapable de " tomber amoureuse " ou de s'engager à nouveau, au cas où un nouveau partenaire abuserait également de sa confiance.
- Méfiante envers les autres, croyant qu'ils gardent des secrets pour elle.
- Solitaire.
- Méfiant à l'égard des compliments.
- En colère et gravement contrarié.

Comme nous pouvons l'identifier au chapitre 3, Nick était un tricheur, un menteur et un égocentrique égocentrique avec des traits de personnalité très sombres. Les actions de cet archi-manipulateur au narcissisme sociopathique indéniable ont certainement entraîné une perte importante pour A. Il en a profité à ses dépens et l'a laissée complètement diminuée.

En fin de compte, elle était mieux sans lui et, au fil du temps, avec de l'aide et beaucoup de courage, elle est devenue plus forte. Cependant, il ne fait aucun doute qu'elle a été victime d'une sombre manipulation et qu'elle s'est trouvée dans une mauvaise situation pendant très longtemps. Être une victime n'est pas amusant.

Maintenant, pour toujours, adieu l'esprit tranquille

Examinons maintenant une autre étude de cas dont les résultats sont encore plus troublants. Vous connaissez peut-être déjà bien l'histoire d'Othello, le général imparfait de William Shakespeare. Si c'est le cas, vous conviendrez sans doute avec moi qu'il est difficile de ne pas être effrayé par la chute d'Othello ; il est peut-être l'exemple le plus emblématique, quoique tragique, des dangers dévastateurs de la manipulation obscure.

Si vous n'avez pas entendu parler de son triste sort, ou si vous n'êtes pas sûr des détails, prenons un moment pour parcourir son histoire.

L'histoire magnifiquement complexe et sombre de Shakespeare sur la malice, la manipulation, la jalousie et le désespoir a été écrite pour la scène en 1604 et publiée pour la première fois dix-huit ans plus tard, en 1622. Elle demeure, à ce jour, un puissant examen de la victimisation, voire l'une des pièces de théâtre les plus émouvantes et les plus perceptives de l'histoire. L'art de la manipulation y est clairement exposé, et nous voyons, dans des détails douloureux, ses effets mortels.

Le héros de guerre Othello, un homme de couleur, a épousé la jeune, blanche et ravissante Desdémone, la fille d'un membre de l'élite dirigeante, Brabantio. C'était l'amour, et ils s'adoraient sincèrement. Cependant, leur avenir n'est pas aussi radieux, et leur relation se heurte à de nombreux préjugés, à la rancune et à la résistance de tous les côtés. Plus âgé qu'elle et soumis toute sa vie à des insultes racistes, Othello ne pouvait s'empêcher de penser qu'il était, d'une certaine manière, indigne d'elle ou qu'il méritait l'échec. Il savait certainement que c'était ce que les autres, y compris Brabantio, pensaient. Malgré cela, Othello espérait que ses réalisations passées pourraient l'emporter, mais il restait malheureusement et fatalement ouvert aux suggestions négatives.

C'est là que son collègue amer et soi-disant ami Iago est intervenu.

Iago est au centre de la pièce, tissant une toile de tromperie malveillante contre presque tous les autres personnages pour des raisons peu claires, poussé par cette obscurité profonde et inexplicable qui réside dans certaines personnes, comme nous l'avons examiné aux chapitres deux et trois. Présentant les caractéristiques de la triade, il semble agir pour son propre plaisir, plus que par désir de gain matériel ou d'avancement personnel. Il a laissé entendre qu'il avait une soif et une motivation de vengeance, ayant manqué une promotion au profit d'un homme plus jeune, Cassio, qu'Othello a fait progresser dans les rangs militaires. Il a également exprimé un soupçon fou et non fondé que sa femme Emilia avait couché avec Othello, mais a admis qu'il ne savait même pas si c'était réellement vrai. Ces raisons changeantes ne cherchent qu'à expliquer ses actions après avoir entrepris de faire tomber Othello.

Le poète Samuel Taylor Coleridge, alors qu'il étudiait la pièce pour une série de conférences environ deux cents ans plus tard, a fait remarquer qu'il y avait une "malignité sans motif" dans les actions de Iago. En d'autres termes, le seul encouragement dont cet homme avait besoin était l'acte même de frustrer et de détruire les gens. Oui, ma grand-mère l'aurait certainement appelé un mauvais garçon !

Il fait remarquer qu'une autre victime de Iago, Roderigo, un jeune homme amoureux de Desdémone et que Iago utilisait pour financer son style de vie sournois, ne traînait qu'autour d'Othello pour "servir son tour sur lui". Il ajoute : "En le suivant, je ne suis que moi-même." (Shakespeare, 1622, 1.1.58). En tant que spectateurs, nous ne devrions avoir aucun doute sur le fait que Iago ne prépare rien de bon, et il a admis qu'il n'était "pas ce que je suis". Malgré sa haine pour Othello et son racisme évident, il a donné un "signe d'amour" en faisant semblant de soutenir Othello. Lorsque nous voyons Iago avec le général, il agit comme un confident et, surtout, comme une main secourable en lui offrant des conseils et des suggestions pour s'épanouir dans sa relation avec Desdémone.

Othello ne cache pas ses sentiments amoureux pour sa nouvelle épouse. Au départ, il était convaincu que les services qu'il avait rendus à l'État et ses réalisations le garderaient en bonne position, mais c'était sans compter sur le grand marionnettiste Iago, qui tirait les ficelles de tout le monde en coulisse. Iago attise la haine contre son ami en dénigrant Othello à chaque occasion et en attisant la bigoterie.

Plus encore, Iago était doué pour l'étude psychologique de ses victimes et savait exactement sur quels boutons appuyer. Othello était absolument convaincu de l'honnêteté de son ami, même si ces pensées allaient causer sa perte, comme le remarque Iago : "plus mon but sera efficace sur lui" (Shakespeare, 1622, 1.3.389). Iago voyait clairement qu'Othello avait une "nature libre et ouverte" et pensait que "les hommes sont honnêtes mais semblent l'être" (Shakespeare, 1622, 1.3.397-398). Tout cela signifiait que le général pouvait être facilement trompé. Ainsi, la connaissance qu'avait Iago des faiblesses, des peurs et des angoisses d'Othello a permis à ce dernier de causer de terribles dommages.

Il n'a pas fallu longtemps à Iago pour accuser faussement Desdémone de ne pas être *réellement amoureuse* de son nouveau mari. Pire encore, il insinue qu'elle et Cassio ont une liaison. Il a dressé un tableau saisissant de l'adultère, ce qui a alimenté les insécurités et la nature jalouse d'Othello. Rusé jusqu'à la moelle, Iago a fait de son mieux pour couper Othello de tout autre réseau de soutien, le poussant à se brouiller et à se faire des ennemis auprès de ceux qui auraient pu l'aider à retrouver la raison. C'était certainement un coup de maître, qui a créé un fossé entre le général et Cassio.

Les techniques de Iago sont tout droit sorties du livre de jeu de l'archi-manipulateur. Il raconte des mensonges, fait des allusions, utilise des généralisations et des évasions. Il exploite les situations à ses propres fins, tend des pièges et se montre habile dans la tromperie. A un moment, il a joué l'innocent et a créé un parfait écran de fumée, en disant gentiment : " les hommes doivent être ce qu'ils semblent être " (Shakespeare, 1622, 3.3.130).

Iago était certainement adepte des fausses accusations et des fausses nouvelles : "regarde ta femme", disait-il, ce dont Othello se délectait - le caractère de la femme en qui il avait confiance, sa partenaire bien-aimée, était maintenant repéré. Vicieusement, Iago a retourné le couteau dans la plaie en disant à Othello qu'il ne devait pas s'attendre à autre chose dans les relations interraciales. Il a touché Othello à son point le plus vulnérable, exprimant les craintes du général qui bouillonnaient sous la surface depuis qu'Othello était entré dans cet environnement raciste.

Faible, seul, méfiant, et doutant de lui-même, Othello est maintenant là où Iago voulait qu'il soit : le poison coule dans ses veines. À partir de ce moment, Othello est complètement désorienté ; il ne sait littéralement pas quoi penser et est troublé par des croyances contradictoires. Il avoue : "Je pense que ma femme est honnête, et je pense qu'elle ne l'est pas" (Shakespeare, 1622, 3.3.390).

C'est à ce moment-là que Iago fait monter les enchères de façon experte en fournissant des preuves falsifiées. Le fait de placer le mouchoir de Desdémone - un cadeau de son mari - dans la chambre de Cassio était une astuce parfaite. La réponse d'Othello est volcanique : "mes pensées sanglantes, avec un rythme violent/ ne regarderont jamais en arrière" (Shakespeare, 1622, 3.3.464-465). La femme qu'il avait autrefois aimée et adorée était désormais damnée à ses yeux, et il a ensuite promu Iago, en remplacement de Cassio. Iago, assurément, avait maintenant tout ce qu'il voulait. Il aurait pu s'arrêter là, mais il *ne l'a pas fait*.

Les stratagèmes, les machinations, les jeux subtils et les plans insidieux se poursuivent, et Othello, brave soldat et défenseur de la liberté, n'est pas de taille face aux ruses de Iago. Il s'ensuivit une triste et rapide perte de la raison et du bon sens. Comme Desdemona l'a remarqué : "mon seigneur n'est pas mon seigneur" (Shakespeare, 1622, 3.4.121). Le rythme et la syntaxe du discours du protagoniste sont devenus désordonnés, illustrant de façon graphique le délitement de l'esprit d'Othello.

Le reste de la pièce est gore, Othello perd tout, petit à petit. Il a tué Desdémone en disant : "Je n'ai pas de femme/ O, insupportable." Il perd sa propre identité, en disant de lui-même : "C'est lui qui était Othello" (Shakespeare, 1622, 5.2.285), et, finalement, il se donne la mort.

Ce qui est remarquable dans la méchanceté de Iago, c'est qu'il a à peine levé le petit doigt pour provoquer les terribles résultats qu'il souhaitait. La rhétorique était son arme, ses insinuations et ses mensonges incitant Othello à faire tout le travail. Ainsi, Othello est devenu l'auteur de sa propre perte et de la ruine de ceux qu'il aimait le plus.

La réaction d'Othello a été indéniablement violente et abusive envers des passants innocents, ce qui ne peut être toléré. On ne peut minimiser ses actes, pas même en disant qu'il a été horriblement piégé et qu'il a choisi cette voie destructrice. Il est aussi très largement fautif. Je dis cela parce que je ne veux pas excuser les réactions d'Othello, mais nous pouvons tout de même le plaindre.

Était-il simplement malchanceux, ou y avait-il quelque chose qui le rendait particulièrement vulnérable et ouvert aux stratagèmes de Iago ? La réponse courte à cette dernière question est oui. Les grands drames ne naissent généralement pas du fait que quelqu'un se trouve au mauvais endroit au mauvais moment ; cependant, un manque de chance peut s'avérer cuisant.

Avant de passer à autre chose que cette triste histoire, examinons ce qui a fait d'Othello une cible de choix pour l'exploitation :

- Vulnérable, malgré ses forces physiques.
- Isolé.
- Faire confiance à de faux amis.
- Complexe d'infériorité couplé à la fierté, ce qui est un mélange dangereux.
- L'insécurité.
- Colère.
- Souffrait de jalousie et se comparait aux autres.
- Un manque de conscience de soi.
- Faible intelligence émotionnelle.
- Incapable de communiquer correctement ses sentiments.
- Ouvert à toute suggestion.
- La naïveté.

- Il a laissé les autres lui parler.
- Il n'a vu que ce qu'il voulait voir.

Le fait que le général était mûr pour la victimisation ne devrait en aucun cas permettre à l'intrigant Iago de s'en tirer à bon compte, et cela ne signifie pas non plus que notre antihéros a totalement mérité ce qui lui est arrivé.

Ce qu'il faut retenir ici, c'est que la nature intérieure d'Othello, combinée aux conditions extérieures, peut parfaitement expliquer pourquoi il devient sensible à la manipulation, et pourquoi il a fait ce qu'il a fait. Nous devrions y trouver beaucoup de matière à réflexion, et je suis impatient d'approfondir la question, de manière plus spécifique, sans tarder.

CHAPITRE SEPT

Êtes-vous sur le radar ?

Les tactiques que nous avons examinées dans les chapitres précédents sont omniprésentes et utilisées souvent par des patrons, des amants et des amis manipulateurs ; ce sont les outils du narcissisme, du machiavélisme et de la psychopathie au faux cœur. N'importe lequel d'entre nous peut devenir la proie d'une ou de toutes les ruses d'exploitation qui ont été mentionnées.

En effet, en théorie, quel que soit notre niveau d'équipement, nous pouvons tous potentiellement devenir une cible ou une victime en attente.

Cependant, nous ne finirons pas tous par être manipulés. Dans ce chapitre, je vais examiner pourquoi certaines personnes sont manipulées et d'autres non, et discuter des dommages qui peuvent être causés. Je veux également vous donner quelques conseils cruciaux pour vous assurer que vous n'êtes pas quelqu'un dont les autres peuvent profiter si facilement et si souvent.

Au vu et au su de tous : Qu'est-ce qui nous rend sensibles à la manipulation ?

Soyons honnêtes : ce n'est pas comme s'il y avait un signe révélateur que certains d'entre nous portent sur le front et qui dit : *profitez de moi*. Dans les études de cas que j'ai présentées dans le chapitre précédent, ni Othello ni la jeune femme A n'ont invité l'exploitation ou ne l'ont méritée. Cependant, il se peut qu'ils aient inconsciemment signalé qu'ils étaient particulièrement enclins à la manipulation. Est-ce que vous et moi faisons de même sans même nous en rendre compte ?

Je vous présenterai un éventail de personnalités susceptibles d'être manipulées. J'ai identifié quinze types principaux :

Rétrécisseurs

Nombreux sont ceux qui n'aiment pas trop les conflits et les confrontations. Dans certains cas, c'est une bonne chose, mais il n'est pas toujours sain de se lancer dans des situations agressives. Si vous vous méfiez constamment des émotions négatives qui peuvent surgir lorsque vous dites *"Stop"* ou *"Hang on, that's not right"*, vous risquez d'être une proie facile pour les personnes qui veulent vous pousser à faire ce qu'elles veulent.

Plaisanciers

Nous connaissons tous le genre de personne qui aime rendre les autres heureux ; peut-être en faisons-nous partie nous-mêmes. Il n'y a rien de mal à vouloir apporter un sourire au monde. C'est une qualité immensément admirable, et nous ne devrions donc pas nous moquer des saints de tous les jours parmi nous. De manière stéréotypée, ce sont des mamans ! Si vous connaissez quelqu'un qui est toujours en train de rendre service, ce sont les personnes que vous appellerez probablement lorsque votre voiture tombera en panne au milieu de la nuit sur l'autoroute. Cependant, ces personnes peuvent se présenter sous de nombreuses formes. Qui connaît leurs motivations exactes : se sentent-elles valorisées lorsqu'on a besoin d'elles, ont-elles besoin d'approbation ou sont-elles simplement altruistes par nature ? Dans tous les cas, il leur est difficile de dire *non*. Malheureusement, elles sont des cibles de choix pour la manipulation, qu'elle soit de faible ou de forte envergure.

Innocents

Ce sont les personnes que l'on pourrait qualifier de crédules et de naïves. Elles ne peuvent tout simplement pas imaginer que les gens puissent être trompés dans une situation donnée. Attention : ces personnes ne portent pas d'étiquette indiquant qu'elles sont *des pigeons*. Comme je l'ai dit, il pourrait même s'agir de vous ou de moi sans que nous le sachions. Les innocents sont dans le déni. Il peut s'agir d'amoureux : des personnes qui n'acceptent pas que le centre d'intérêt de leur adoration soit dans le pétrin. Sinon, les innocents sont ce que j'appelle des individus au grand cœur. Ce sont des gens décents, facilement exploitables. Vous avez peut-être tendance à accorder aux gens le bénéfice du doute - imaginez un type qui vous aborde dans la rue, il dit qu'il a perdu son portefeuille, et il veut que vous l'aidiez en lui donnant de l'argent pour le bus afin qu'il puisse rentrer chez lui avant que ses enfants ne rentrent de l'école. Que vas-tu faire : lui faire confiance ou imaginer le pire ? Vous ne voulez pas lui refuser la charité, mais faites attention. Si vous adoptez trop souvent cette attitude, vous risquez d'être sérieusement désavantagé.

Les sceptiques

Ce genre de personne remet constamment en question sa propre opinion et ses goûts, croyant que quelqu'un d'autre saura toujours mieux que lui. Non, ce n'est pas forcément le cas ! Cette attitude impressionnable découle souvent d'un complexe d'infériorité et d'un manque total de confiance en soi, ce qui signifie qu'elle peut facilement être exploitée.

Le Vain

J'ai abordé ce sujet au chapitre 4 lorsque nous avons parlé des manipulateurs qui flattent notre ego. Qui n'a jamais été flatté pour faire quelque chose qu'il ne voulait pas faire ? *Hey, vous êtes si bon avec votre technologie. Pourriez-vous réparer mon Wi-Fi ?* Oui, nous sommes tous passés par là !

Imprudent

Il y a ceux qui ne font tout simplement pas attention à ce qui se passe. Ils ont la tête dans les nuages ou sont trop occupés et préoccupés par d'autres choses pour remarquer qu'ils sont manipulés. Elles sont peut-être impulsives et n'aiment pas trop s'attarder sur quelque chose, car cela tue la spontanéité. Peut-être, mais cela peut quand même mener à l'exploitation.

Soumis

Peut-être est-ce une partie de votre personnalité intérieure que de vous permettre d'être dépendant, et vous avez peut-être besoin de la protection et de la sécurité que procure la dépendance à quelqu'un d'autre. Ce qu'on vous dit passe parce que cela vous fait vous sentir plus en sécurité. Sinon, vous partez du principe que vous ne méritez pas mieux que votre situation actuelle - c'est aussi bien que possible, et vous pensez que vous devez l'accepter.

Auto-agresseurs

Il s'agit d'une personne qui accueille avec masochisme l'idée d'être dominée par une autre personne et qui en retire un plaisir (sexuel ou sensoriel). Les sadiques dont j'ai parlé au chapitre 3 formeraient un partenariat parfait - ou imparfait - avec ces personnes.

Les solitaires

Vous souhaitez peut-être accueillir l'attention des autres, bonne ou mauvaise, car l'alternative est le silence. Vous avez peut-être été isolé pendant si longtemps qu'il vous est difficile de voir les choses en perspective.

Les personnes âgées ou infirmes

Dans ces cas, la faiblesse physique ou mentale des autres est exploitée car ils ne peuvent pas se défendre facilement.

Manque de conscience de soi

Peut-être ne savez-vous pas vraiment ce que vous voulez ou pensez. Il se peut que vous n'ayez pas la clarté émotionnelle ou le sens de l'analyse nécessaire pour traiter vos sentiments. Dans ce cas, il ne serait pas étonnant que vous vous laissiez facilement influencer, si cela arrive.

Tout garder en mémoire

Dans ce cas, les gens peuvent ne pas réussir à s'exprimer ou simplement ne pas avoir les compétences de communication nécessaires pour faire passer leur opinion ou leur préférence. Dans ce cas, la personne peut finir par être manipulée par d'autres personnes qui agissent de manière non intentionnelle. Ils ne savent pas vraiment ce que vous voulez parce que vous ne le dites pas assez clairement ; ainsi, vos besoins semblent ignorés et passent au second plan par rapport aux désirs de quelqu'un d'autre.

Faible entretien

Pensez-vous qu'il vaut mieux suivre le mouvement parce que c'est plus simple ? Vous ne faites jamais d'histoires ou de remarques, ce qui peut être positif et vous permet d'être ouvert aux nouvelles idées et à la compagnie facile. Cela signifie certainement que vous n'êtes pas une personne exigeante - une de ces personnes qui doit toujours organiser un événement et qui a invariablement quelque chose à dire sur les endroits où manger, boire ou faire du shopping. Cependant, l'aspect négatif de cette souplesse est que vous pouvez vous désengager. En pratique, cela signifie que vous semblez souvent indécis, insipide et facile à persuader ; les autres peuvent donc vous plier à leur volonté sans résistance.

Coincé dans une ornière

Souvent, lorsqu'une personne se sent déprimée et en a assez de sa vie, elle cherche à obtenir le moindre changement possible. En effet, elle pense qu'il vaut mieux se jeter d'une falaise au sens figuré que de rester immobile. Dans cette situation, ils seront ouverts à toute une série de suggestions : essayez ce stupéfiant, essayez ce stratagème, etc. Les hommes politiques exploitent le besoin de secours et de changement en permanence ; bien que ceux qui cherchent à se faire réélire trouvent ce défi plus difficile à relever lorsqu'ils sont en place.

Plein d'empathie

Vous êtes peut-être trop compréhensif pour votre propre bien. Vous savez peut-être que quelqu'un manipule une situation, mais vous essayez quand même de vous mettre à sa place. Vous pensez qu'elle agit de la sorte parce qu'elle est déprimée, fauchée, seule ou engagée dans une certaine cause. Vous vous sentez peut-être coupable de ne pas être une personne assez "gentille", et vous faites donc de votre mieux pour répondre aux besoins et aux désirs des autres. L'empathie est une compétence essentielle, mais pas lorsque vous l'utilisez pour trouver des excuses au comportement nuisible des autres.

En lisant cette liste, je suis sûr que vous reconnaissez des aspects de vous-même et d'autres personnes. Comme je l'ai dit, de nombreux traits de personnalité peuvent être positifs, charitables, et contribuer à rendre le monde meilleur. Cependant, s'ils ne sont pas contrôlés, ils peuvent aider les forces obscures à prospérer.

Ressentir la douleur - Les effets négatifs

Aucun d'entre nous ne veut être victime de l'obscurité, et le mal causé par les techniques d'exploitation est inquantifiable. Elles peuvent progressivement corroder ou ébrécher de petites manières intrinsèques, causant insidieusement des dommages psychologiques. Les tactiques sournoises peuvent certainement avoir une variété d'effets négatifs à long terme sur l'image de soi, le monde et les autres. Par ailleurs, comme nous l'avons vu avec Othello au chapitre six, elles peuvent avoir des répercussions énormes et dramatiques, notamment la perte de la vie, des moyens de subsistance ou des biens.

Je ne veux pas trop m'attarder sur ce point, car je préfère vous aider à mieux comprendre la manipulation, afin que vous puissiez l'éviter ou en exploiter les aspects positifs. Cependant, il est essentiel que vous ayez une vue d'ensemble de la manière dont les différentes formes de ruses peuvent être malsaines.

Voici quelques-unes des principales conséquences d'être la cible d'un manipulateur :

- **Faible estime de soi**. Il est facile de se sentir inutile quand on sait que quelqu'un a profité ou profite encore de vous.
- **Honte et humiliation**. Vous ne pouvez peut-être pas vous empêcher de vous sentir idiot d'avoir été pris au dépourvu.
- La **culpabilité**. On vous a peut-être donné l'impression que ce que vous faites est mal, ou que vous êtes mauvais parce que vous résistez à la volonté d'une autre personne.
- **Fermez les yeux**. Il est facile d'arrêter de ressentir et de s'engourdir pour bloquer toutes les émotions négatives en vous et autour de vous.
- **Mauvaise gestion de soi**. Dans le prolongement du point précédent, cette situation se produit parce que le fait d'être manipulé peut vous amener à toujours vous faire passer au second plan.
- Les **troubles de l'alimentation**. Dans certains cas, une domination excessive ou des commentaires critiques de la part d'une autre personne peuvent vous amener à rechercher des mécanismes d'adaptation psychologique pour reprendre le contrôle de votre vie.
- **Diminution des performances**. Comment pouvez-vous réaliser votre potentiel et faire de votre mieux si vous êtes constamment épuisé ou distrait de vos propres besoins ?
- Vous avez **peur d'être seul**. Vous craignez peut-être d'être pris pour cible si vous êtes livré à vous-même.
- **Les relations** entre amis, partenaires et famille **sont endommagées** parce que vous ne pouvez pas vous sentir détendu, heureux ou vous-même en présence de quelqu'un qui cherche à vous faire plier à sa volonté.
- La **peur de l'engagement**. Comme nous l'avons vu dans notre étude de cas sur la jeune femme A, le fait d'avoir été trompé par un partenaire peut entraîner une peur de s'engager dans de nouvelles relations, car on craint d'être à nouveau abusé.

- **Manque de confiance** (et sa cousine, la *paranoïa*). Il est tout à fait naturel, après avoir été dupé ou dominé, de commencer à supposer que tout le monde est pareil.
- **Douter que ce que vous croyez est correct.** Cela revient à être malhonnête avec vous-même au sujet de vos sentiments ou de vos opinions. Tout simplement, vous pouvez commencer à vous demander si vos soupçons et vos pensées actuels sont vrais.
- **L'incertitude.** Je ne parle pas seulement de votre propre pensée, mais aussi de ce qu'est la situation réelle. Nous avons abordé ce sujet au chapitre 4, lorsque nous avons examiné le phénomène du gaslighting : le fait d'être incertain de la véritable nature de la réalité peut avoir de graves répercussions psychologiques.
- **L'anxiété.** L'anxiété et la dépression excessives sont les conséquences naturelles de tout ce qui précède. L'insomnie, les sautes d'humeur et l'automutilation peuvent également suivre.
- La **déception.** En fin de compte, si vous avez été trompé - que ce soit par un politicien, un amant ou un vendeur - vous finirez probablement par obtenir le contraire de ce qui vous a été promis. La déception ne peut venir que si vous n'obtenez pas les bonnes choses que vous pensiez voir arriver.
- **Danger.** Comme je l'ai décrit en examinant les manipulateurs de la triade noire, si vous êtes ciblé, vous pouvez être incroyablement dangereux. Il n'est pas exagéré de dire que votre vie et votre bien-être peuvent être en danger.

Quelle litanie de négativité ! Il est hors de question de l'accepter car nous voulons le meilleur pour nos vies, n'est-ce pas ? Alors, comment s'y prendre ?

La grande évasion : Ce qu'il faut faire pour éviter les techniques de manipulation

Je viens de vous donner une sacrée dose de pessimisme ! Je ne veux pas vous effrayer, mais rassurez-vous, il est possible de naviguer dans les eaux troubles de la manipulation et d'éviter ses dangers. Je vais vous présenter un mode d'emploi pratique, en vingt étapes, pour vous assurer que vous n'êtes pas susceptible d'être manipulé et que vous n'êtes pas vulnérable à ses effets négatifs.

Jetons un coup d'œil.

1. **Demandez à la personne qui est en vous**. Il est essentiel que vous preniez le temps d'apprendre ce que vous ressentez, voulez et avez besoin. C'est le meilleur moyen de garantir que vous avez toujours le contrôle de votre situation. Assurez-vous que vos souhaits sont exaucés.

2. **Ayez confiance en vous**. Je sais que ce point est plus facile à dire qu'à faire, mais ayez confiance en vos propres opinions et en votre force de caractère, et passez outre toute tentative de vous contraindre à faire ce que vous ne voulez pas faire. Vous vous connaissez mieux que quiconque, et vous ne devez pas l'oublier.

3. **Assumez le problème**. N'expliquez pas, n'excusez pas et ne minimisez pas un comportement qui vous dérange ou vous perturbe. Identifiez-le comme un problème qui doit être traité.

4. **Fixez des limites**. Déterminez vos limites et ce que vous êtes prêt à faire. Veillez à ce que cette ligne ne soit jamais franchie.

5. **Recherchez les incohérences**. Très souvent, lorsque quelqu'un essaie de vous berner, il contredit son histoire. Elle vous ment probablement si rien de ce qu'elle dit n'est franc ou cohérent. Vous pouvez essayer de prendre des notes sur les conversations que vous avez eues, afin de ne pas vous retrouver dans l'erreur plus tard.

6. **Demandez aux gens de rendre des comptes**. Exigez des réponses et des réponses. S'ils cherchent à éviter de répondre, agissez vous-même comme un disque rayé. *Revenons à la question en cours* est une expression utile que vous pouvez utiliser dans ces circonstances.

7. **Vérifiez les références**. Si vous êtes approché par un soi-disant expert, exigez de voir sa carte d'identité. Si quelqu'un prétend être votre ami ou avoir vos intérêts à cœur, essayez d'en trouver la preuve dans son comportement passé et actuel.

8. **Soyez vigilant**. Gardez l'œil ouvert sur les situations dans lesquelles vous pourriez être vulnérable à l'exploitation. Soyez attentif aux comportements ou activités inhabituels et n'acceptez pas tout ce que vous entendez.

9. **Ayez une vue d'ensemble**. Veillez à ce que ce soit toujours le cas, afin de ne pas vous laisser abuser ou de ne pas tomber dans les fake news. Faites de votre mieux pour rechercher les faits essentiels, le contexte et d'autres perspectives, car obtenir d'autres opinions peut vous aider dans votre quête de la vérité.

10. **Recherchez des espaces sûrs et neutres**. Ne vous mettez pas dans des situations ou des environnements dans lesquels vous êtes en danger ou désavantagé. Par conséquent, recherchez des espaces sûrs et neutres lorsque vous traitez avec des inconnus ou des personnes qui vous demandent des choses. En agissant ainsi, vous diminuez vos chances d'être manipulé.

11. **Maintenez un réseau de soutien**. Ainsi, ne vous laissez pas isoler. Restez en contact avec des personnes en qui vous pouvez avoir confiance, notamment vos amis, votre famille et vos proches. Vous devez savoir qu'il y a quelqu'un qui vous soutient et à qui vous pouvez faire appel si vous soupçonnez quelqu'un de profiter de vous.

12. **Ne jouez pas le jeu**. C'est ça : éloignez-vous d'une situation inconfortable ou fermez vos oreilles si le besoin s'en fait sentir et ne vous

engagez pas. Il est important que, dès que vous identifiez un comportement manipulateur, vous refusiez de lui donner de l'oxygène.

13. **Arrêtez-la**. Je veux que vous dénonciez la manipulation partout où vous la voyez. Il n'est pas nécessaire de se laisser distraire par des confrontations ou des accusations inutiles, mais concentrez-vous sur le fait que vous n'avez pas l'intention de jouer le jeu de qui que ce soit. Apprenez l'importance de dire *"Je ne vais pas accepter cela"*. Si l'on vous accuse de quelque chose, dans le but de vous miner ou de vous discréditer, répondez calmement : *ce n'est pas le cas.*

14. **Soyez honnête**. Il n'y a rien de mal à dire calmement, poliment et résolument *"je ne veux pas faire ça"*. En fait, il importe peu que vous bégayiez ces mots ; si c'est ce que vous ressentez, faites en sorte d'être entendu.

15. **Compromis**. Considérez cette idée. Si l'on vous demande une faveur, et que cela ne vous dérange pas de la faire, mais qu'il y a certains aspects que vous jugez gênants, trouvez un terrain d'entente. Toutefois, restez fidèle à vos principes en ce qui concerne les limites infranchissables que nous avons mentionnées précédemment.

16. **Cachez vos vulnérabilités**. C'est bien d'être soi-même et d'être ouvert pour partager avec les autres. Mais ne laissez pas tout le monde savoir que vous êtes négligeant avec l'argent ou que vous êtes friand d'histoires tristes, par exemple. Si vous le faites, vous leur aurez donné un guide facile à lire sur la façon de vous exploiter. Veillez donc à rester élégant et présentable. C'est triste à dire, mais les manipulateurs - en particulier ceux qui ont des tendances psychopathes - ciblent les personnes qui ont l'air faibles et abattues.

17. **Essayez quelque chose de nouveau**. Peut-être commencez-vous à vous demander pourquoi vous utilisez une certaine marque ou pourquoi vous mangez toujours une pizza avec votre partenaire le vendredi soir. Vous êtes peut-être connu comme le gratte-papier qui

travaille toujours tard. Mélangez un peu les choses ; sinon, vous risquez de vous rendre compte que vous faites des choses sans en avoir envie.

18. ...Bien sûr, dans certaines situations, une approche plus rigoureuse est nécessaire.

19. **Coupez les liens**. Parfois, la seule façon de sortir d'une relation malsaine dans laquelle vous êtes dominé est de la quitter. Dans ce cas, vous devez partir sans regarder en arrière. Sachez toutefois que ce n'est pas forcément une solution à long terme. Vous devez vous demander pourquoi votre garde était suffisamment basse pour permettre ce genre de manipulation en premier lieu, et il se peut que vous ne fassiez que sortir d'une relation néfaste pour vous ouvrir à une autre plus tard.

20. La **thérapie**. Si vous vous laissez manipuler, c'est peut-être parce que quelque chose en vous vous dit de le faire. Je ne cherche pas à rejeter la faute ou à excuser le comportement dominateur d'autres personnes. Vous avez peut-être un problème de santé mentale, un trouble de la personnalité ou des sentiments et des impulsions que vous ne pouvez pas expliquer. Demander l'aide d'un professionnel vous aidera à déterminer pourquoi vous prenez certaines décisions. Cela peut être la première étape pour éviter les situations qui vous désavantagent. De même, il se peut que vous reconnaissiez les traits de la triade en vous-même et que ce soit vous qui soyez le manipulateur dans certaines circonstances ; dans ce cas, vous devez y remédier avant que la situation ne devienne incontrôlable. Quel que soit le côté de la barrière où vous vous situez, le conseil pourrait être la solution idéale.

21. **Appelez à l'aide**. J'entends par là la police ou les autorités civiles. J'en ai déjà parlé : s'il y a le moindre soupçon de coercition, d'abus ou d'activité illégale, faites appel à des professionnels.

Les forces de la manipulation ne sont pas insurmontables, et elles peuvent être arrêtées. Sachez toutefois qu'il n'existe pas de combinaison

magique et pare-balles qui vous protégerait de toutes les mauvaises intentions. J'ai dit plus haut qu'il fallait s'équiper de connaissances ; comme
le disait le philosophe anglais du 18e siècle Abraham Tucker : *"Qui est
averti est armé"*. Ainsi, connaissez votre propre esprit, faites vos recherches et recherchez la vérité avant de faire pleinement confiance à
quelqu'un. Soyez honnête et franc.

C'est ainsi que l'on élimine l'aiguillon de la manipulation. Dans le
prochain chapitre, nous examinerons d'autres moyens constructifs d'aller
vers la lumière.

CHAPITRE HUIT :

Un guide des approches éthiques

Dans votre vie quotidienne, au niveau de vos relations, de vos amitiés, de vos interactions sociales et de vos pratiques professionnelles, est-ce que vous motivez ou manipulez ? Regardez-vous attentivement et demandez-vous : est-ce que j'influence les autres de manière positive ou négative ?

Quelle que soit la "bonne" personne que vous pensez être, les questions ci-dessus n'ont pas toujours des réponses toutes faites et tranchées.

Diagnostiquer qui vous êtes et distinguer le vrai du faux

Pour déterminer l'impact que vous avez sur les autres - et savoir s'il est énergisant ou exploiteur - vous devez d'abord *identifier* correctement vos actions et vos relations interpersonnelles. Utilisez-vous des méthodes de persuasion douce, ou s'agit-il en fait de coercition ? Espérez-vous influencer ou tromper quelqu'un pour obtenir ce que vous voulez ? Vous appuyez-vous sur un débat rationnel, en interagissant avec les capacités de raisonnement facultatif d'un autre individu, ou cherchez-vous à duper les gens en faisant appel à leurs émotions et à leurs impulsions ?

En substance, je veux savoir si vous encouragez le libre arbitre chez les autres et si vous cherchez à les garder ouverts à toutes les options qui s'offrent à eux.

Il n'est pas difficile de répondre à ces questions. Je suis prêt à parier que si vous êtes honnête avec vous-même, vous admettrez que vos approches se situent à cheval entre la motivation et la manipulation.

Ensuite, je veux que vous *évaluiez* si votre objectif d'influencer les autres est éthique. Vous ne vous considérez probablement pas comme un être malfaisant et vous voyez un million de différences entre vous et toutes ces sombres études de cas que nous avons examinées dans les chapitres précédents. Cependant, prenez un peu de temps avant de répondre. La ligne directrice simple que vous devez suivre ici est la suivante : agissez-vous pour le bien des autres ou pour vous servir vous-même ? Suivez-vous une certaine ligne de conduite pour le pouvoir et le contrôle ? Cela ressemble-t-il à un jeu dont vous tirez un certain plaisir ? Il n'est peut-être pas facile de nommer vos motivations exactes, mais vous pouvez rapidement savoir dans quelle fourchette elles se situent et si vous espérez utiliser votre influence pour obtenir des changements positifs.

Soyez prêt à vous retrouver dans une zone grise. Comme je l'ai dit tout au long de ce livre, tout n'est pas nécessairement noir ou blanc. Prenons l'exemple de l'hypnose : cette technique - qui consiste à manipuler l'état d'esprit et les préférences d'un individu par la suggestion - fait appel au subconscient et contourne la pensée raisonnée. Dans certains cas, elle est clairement utilisée à des fins égoïstes. C'est ce que montre l'exemple littéraire de Svengali, un homme exploiteur et criminel dans *Trilby* de George du Maurier, qui esquisse une perspective fascinante de la séduction et du contrôle. Dans cette histoire, Svengali hypnotise une jeune femme et la transforme, par le pouvoir de la suggestion, en une chanteuse extraordinaire qui peut rapporter de l'argent. Ses raisons découlent du sombre désir de dominer et d'obtenir une reconnaissance matérielle, contre la volonté de la femme. Dans ce cas, nous avons identifié et évalué que la manipulation est mauvaise car les moyens et les motifs sont tous deux contraires à l'éthique.

Cependant, l'hypnose est fréquemment utilisée comme méthode pour aider les gens à arrêter de fumer. Dans ce cas, l'objectif est positif, avec des bénéfices pour la santé ; on peut donc l'identifier comme cherchant délibérément à contourner la pensée préconditionnée. En d'autres termes, il aide à fixer ce que le psychisme dépendant a établi chimiquement, comme raison et justification de l'action. Les moyens que j'ai observés peuvent tenter de subvertir le libre arbitre et de restreindre intrinsèquement certains choix, mais une évaluation plus approfondie suggérera sûrement que les objectifs peuvent être nobles.

Dans le premier chapitre, nous nous sommes demandé si les bonnes intentions annulent les actions immorales. Je n'étais pas prêt à donner une réponse à l'époque, et je ne le suis pas maintenant. Contrairement à Kant, je crois fermement que vous devez trouver votre propre réponse à cette question !

Si vous pensez que vos actions se font au détriment des autres, vous devriez peut-être envisager de demander l'aide d'un professionnel, comme je l'ai évoqué dans le chapitre précédent. Vous pouvez également passer un test en ligne qui évaluera votre niveau d'insistance et déterminera si vous représentez un risque réel pour les autres ou s'il s'agit simplement d'une tendance que vous devez contrôler pour garantir un environnement équilibré et heureux autour de vous.

La lumière dans l'obscurité : une nouvelle conception de la morale

Dans son œuvre fondamentale, *l'Éthique, le* philosophe Aristote préconise l'importance de vivre sa vie en accord avec des valeurs positives. Ses réflexions sur la vertu et le *bien* sont restées respectées pendant plus de 2 500 ans. Selon lui, une bonne compréhension de l'éthique peut aider à guider un individu à travers les extrêmes de la vie quotidienne, dans laquelle les décisions morales sont fréquentes. Pour lui, l'*honnêteté et l'intégrité* doivent être nos mots d'ordre. Lorsque vous identifiez et évaluez votre comportement, ces principes sont les balises qui éclairent votre chemin si vous suivez une approche éthique.

Qu'est-ce que cela signifie concrètement, et que signifie l'intégrité dans notre monde moderne ? Pour parvenir plus facilement à une utilisation éthique de vos talents de persuasion et de votre capacité à influencer les autres, vous devrez peut-être repenser complètement la façon dont vous voyez votre but et vos objectifs dans la vie. Je veux dire par là que nous devons commencer à penser davantage à *NOUS qu'à JE*. Traiter une situation collectivement et adopter un sens de la responsabilité commune sont des éléments importants pour faire comprendre ce point. Considérez l'impact plus large d'une action et le nombre maximal de personnes qui peuvent en bénéficier ; par exemple, disons que vous vous faites régulièrement conduire au travail par votre ami et que vous savez que deux autres collègues ont également des difficultés de transport. Ils ne se trouvent pas sur votre trajet vers le bureau, et le fait de les prendre en charge ajoutera du temps à votre trajet. Dans ce cas, le plus grand bien - pour vos collègues et la planète - est de convaincre votre ami de faire ce détour.

En Afrique du Sud, il existe une ligne philosophique qui a gagné du terrain depuis les années 1800 et qui s'est imposée au cours du dernier demi-siècle pendant les périodes de transition entre la colonisation et l'apartheid, avec des adeptes comme l'archevêque Desmond Tutu, militant des droits de l'homme. Il est connu sous le nom d'*Ubuntu*, qui signifie "humanité" en zoulou. Essentiellement, il incarne l'idée d'unicité : *Je suis parce que nous sommes*. En tant que tel, il met l'accent sur une méthodologie de partage pour produire une harmonie mondiale.

Par conséquent, on pourrait suggérer qu'un point de vue éthique peut être acquis dans notre interaction avec les autres si nous commençons à penser à la façon dont nous bénéficions tous ensemble. Avec cette approche, il est temps d'adopter une approche globale, de penser large et grand. Le philosophe et économiste britannique John Stuart Mill, du 19e siècle, voyait cependant quelques failles dans cette proposition. Son argument était qu'il est impossible - et donc futile - de tenter d'assumer les fardeaux du monde entier. Penser à *tout le monde* peut devenir trop vague, et certains soutiendraient que l'altruisme complet n'est pas possible. Selon lui, il serait de loin préférable d'adopter les causes de la petite communauté qui nous entoure : pensez à ce qui profite à l'équipe, au quartier, au cercle d'amis ou à la famille. Les États-Unis sont toujours protégés, au-dessus des besoins du *moi,* mais de façon beaucoup plus gérable.

Mais comment changer aussi radicalement notre sens de l'orientation ? Il a été suggéré qu'un changement positif n'est possible que si nous appliquons ce que l'on appelle **la règle d'or**. Il s'agit d'une façon de penser qui revient à *traiter les autres comme on aimerait être traité*. Il ne s'agit pas d'une approche universellement adoptée, et certainement pas dans le monde des affaires. Malgré cela, ce concept existe depuis l'aube de la civilisation, même si l'histoire de la construction d'empire le mentionne rarement.

On trouve des références à cette philosophie dans nos écrits les plus anciens, notamment sur les restes de papyrus de l'un des plus anciens récits de fiction encore existants, *Le Paysan éloquent*, qui remonte à l'Égypte ancienne, il y a plus de 4 000 ans. L'épopée sanskrite *Mahabharata*, composée il y a plus de 2 000 ans, résume succinctement cette idée comme étant le conseil parfait que l'on peut donner à un roi. Ce n'est qu'un peu plus tard, dans la Rome antique, que le célèbre dramaturge et philosophe Sénèque a interrogé moralement les idées d'esclavage en affirmant : "Traite ton inférieur comme tu voudrais que ton supérieur te traite". Des mouvements philosophiques tels que le confucianisme, le zoroastrisme et la pensée humaniste, ainsi que diverses écritures religieuses - judaïsme, christianisme, bouddhisme, hindouisme, islam et sikhisme - embrassent l'idée de réciprocité. C'est une école de pensée que nous devrions garder près de nous si nous espérons pratiquer des approches éthiques dans la vie.

Est-ce le moment de se motiver ?

Dans cette optique, je souhaite vous proposer une liste de contrôle rapide en cinq points à conserver au cas où vous souhaiteriez adopter une approche éthique dans la vie, en travaillant pour le bien des autres et de vous-même. Elle vous aidera à identifier et à évaluer les moments où vous devriez exercer votre influence de manière plus claire.

1. Lorsque vous cherchez à motiver, encourager, influencer ou persuader, posez-vous la question suivante : *est-ce que je voudrais*

moi-même ce conseil ou ce produit ? Mettez-vous à la place de l'autre personne.

2. Allez plus loin et soyez honnête : ce que vous allez dire ou faire va-t-il aider les gens ? Ce que vous proposez **améliorera-t-il** leur vie, de façon minime ou monumentale ?

3. Si vous n'êtes pas sûr objectivement, clarifiez : *est-ce que je crois en ce que je dis* ? Les types machiavéliques peuvent ne pas y croire, mais diront probablement qu'ils y croient quand même. Si vous espérez maintenir une approche éthique à tout moment, alors ne soutenez pas publiquement quelque chose à laquelle vous êtes secrètement opposé.

4. **Demandez** peut-être **un deuxième avis objectif.** Si vous voulez donner à votre collègue des conseils pour éviter un partenaire violent, vous pouvez d'abord présenter les faits sans émotion à une personne de confiance pour voir ce qu'elle en pense.

5. Si vous êtes convaincu que vous **répondez à un besoin,** allez-y.

Maintenant que vous avez acquis les bases, il est temps de parler de la manière de s'en sortir dans un monde manipulateur.

Entre vos mains : Le don de l'incitation positive

Les livres d'auto-assistance promettant la gloire dans les relations et les affaires sont partout. Ils vous donnent des conseils sur ce que vous devez faire pour attraper le poisson, briller et aller de l'avant. Je souhaite ici vous proposer un guide pratique sur la manière de réussir de manière éthique lorsque vous cherchez à influencer les mentalités ou les actions d'autres personnes.

J'aime appeler le pouvoir que vous donnez *"incitation"*, ce qui le différencie des connotations négatives de la manipulation. En substance, il encourage le libre arbitre. Les économistes primés Sunstein et Thaler en ont parlé dans leurs recherches de 2009 sur les "nudges" éthiques. Il s'agit d'encourager une personne à choisir de faire quelque chose seulement après qu'elle ait pris connaissance des options. De cette façon, elle donne son consentement et vous avez atteint vos objectifs en provoquant un changement positif.

Mon objectif est de vous doter de manière responsable des outils interpersonnels les plus efficaces qui soient, afin que vous puissiez encourager et motiver à tout moment. Vous pourrez ainsi apprendre à utiliser la persuasion pour le bien.

- Refusez de soutenir un comportement mauvais ou antisocial, que ce soit chez vous ou chez les autres. La **maîtrise de soi** est essentielle. Il est essentiel que vous maîtrisiez vos propres sentiments et que vous fassiez preuve d'intelligence émotionnelle. Cette idée est liée à la théorie aristotélicienne dont nous avons parlé plus tôt : dominez votre personnalité au lieu de la laisser vous dominer, équilibrez le moi et évitez les appétits excessifs et les émotions telles que la colère. Faites l'effort d'être une bonne personne. Être manipulateur pour des raisons égoïstes demande tout autant d'énergie (pensez à tous ces subterfuges !).

- Gardez votre équipe propre ! Plus précisément, entourez-vous de personnalités non triviales sur votre lieu de travail, à la maison et dans vos relations sociales. Si vous souhaitez pratiquer une approche éthique, les sombres impulsions des autres entraveront vos efforts. **Évitez la toxicité.**

- **Débusquez les problèmes.** À ce titre, faites une évaluation franche de votre entourage : qui est difficile à côtoyer ou à travailler ? Pourquoi ? Présentent-ils des caractéristiques de la triade noire ? Si c'est le cas, abordez-les lorsqu'ils sont de bonne humeur et le plus à l'aise possible. Observez leur langage corporel : ont-ils les mains croisées et évitent-ils le contact visuel ? Si c'est le cas, cela peut indiquer qu'ils ne seront pas réceptifs. S'il croise votre regard et montre de l'émotion sur son visage, il sera peut-être plus disposé à vous écouter. Faites taire les mensonges et ne vous laissez pas influencer par les techniques de manipulation. Utilisez vos propres arts de la persuasion et de la promotion pour leur dire que leur comportement est dé-sénergisant. Donnez des exemples précis et aidez-les à identifier les éléments déclencheurs et les solutions. Faites-lui comprendre qu'il doit changer ses habitudes dans un délai réaliste.

- Soyez **patient** mais aussi vigilant car tout ce que vous voulez ne doit pas forcément se concrétiser à court terme. N'oubliez pas de fixer des délais pour essayer de nouvelles approches, ou de couper les liens avec quelqu'un si les promesses et les engagements n'ont pas été respectés.

- Soyez déterminé, mais ne forcez jamais. Apprenez donc à **vous affirmer sans vous mettre en colère ni être agressif**. Vous devez être fort mais juste. Restez calme et défendez votre position. Si vous ne vous sentez pas en sécurité dans une situation, n'oubliez pas de partir.

- Faites **attention à ce que les gens ressentent**. Le but n'est pas de rabaisser qui que ce soit ou d'affirmer votre vision supérieure de la vie - assurez-vous de conserver une attitude légère et sans reproche. Personne n'écoutera quelqu'un qui les fait se sentir mal.

- Si vos efforts sont éthiques, il est probable que vous verrez une certaine **récompense** pour l'autre personne, alors veillez à l'exprimer. Je vous conseille de mettre l'accent sur le positif ; par exemple, examinez le taux de réussite d'une action plutôt que son taux d'échec. Concentrez-vous sur le plus grand bien et soulignez les inconvénients de ne pas faire quelque chose. Cette tactique est connue sous le nom d'*éthique des conséquences*. Vous ne faites pas de menaces ou de fausses promesses, mais vous exposez les faits de la situation pour encourager une attitude positive et positive.

- **Concentrez-vous sur ce en quoi vous croyez** et travaillez dur pour le promouvoir. Faites en sorte que votre message et votre vision - ce que vous offrez - aient un sens. Ils doivent être attrayants et offrir une harmonie, un avantage et un équilibre. Vous devez le voir véritablement comme une opportunité de faire de bonnes choses.

- Les personnes que vous incitez doivent être curieuses d'en savoir plus. **Inspirez** un sentiment de voyage et d'apprentissage partagé pour ce que vous suggérez.

- Il est essentiel, dans nos interactions avec les autres, de gagner et d'établir la **confiance**. Soyez fidèle à vos paroles, car votre expérience, votre comportement et vos connaissances devraient inciter les gens à se tourner vers vous. De même, si vous vous entourez de personnes en qui vous avez confiance et vice versa, cela encourage un cercle de loyauté toujours plus grand. *Ne trahissez pas cette confiance !* Si vous êtes pris en train de mentir ou de ne pas tenir une promesse, quel que soit votre rôle, vous perdez votre crédibilité et votre influence.

- Dans tous vos rapports avec les autres, **faites preuve de respect et d'empathie**. Suivez le principe kantien selon lequel les gens ne sont pas des choses ou des pions ; au contraire, ils sont complets en eux-mêmes et ont des opinions valables. Vous devez vous rappeler que votre interaction avec eux est un dialogue et non un soliloque. Alors, écoutez et maintenez le contact visuel ! Comme je l'ai mentionné précédemment, la personne que vous cherchez à inciter doit faire partie du choix éventuel qu'elle doit faire. Toutes les options doivent être discutées. Vous êtes un coach, pas un dictateur ; vous devez promouvoir la pensée indépendante et l'autonomie.

- De **solides compétences en communication verbale** sont indispensables. Parlez clairement, calmement et lentement, en vous exprimant dans un langage accessible. C'est une qualité qui faisait défaut aux manipulateurs dans les études de cas que nous avons examinées. Vous devrez peut-être lire davantage tout en améliorant vos connaissances et votre vocabulaire. Vous pouvez également vous entraîner devant un miroir - ou vous filmer - tout en étudiant votre langage corporel et votre voix. Ainsi, vous pourrez vous assurer que vous ne gesticulez pas de manière distrayante et que vous évitez de marmonner sur un ton monotone, ce qui peut être très peu inspirant.

- Veillez à ce que vous-même et votre environnement soient propres et soignés, ce qui est essentiel pour vous rendre **accessible**. Vous pouvez essayer de porter des couleurs qui rehaussent votre expression, par exemple ; cherchez toujours à être présentable et à sentir bon.

- Soyez positif, joyeux et confiant, tout en évitant la négativité. Vous vous souvenez de ce que j'ai dit sur l'**attitude ensoleillée** de Steve Jobs ? Utilisez-le ici pour inspirer les autres sur le plan éthique.

- Le **renforcement positif**, l'affirmation et l'encouragement continus sont conseillés, mais ils doivent rester sincères, équilibrés et cohérents.

- N'oubliez pas d'être **ouvert et transparent, tout en étant honnête et juste**. Si vous essayez d'amener un partenaire à se défaire d'une habitude malsaine, si vous avez besoin d'une faveur de la part d'un ami ou si vous voulez motiver un collègue de travail pour maximiser sa productivité, faites preuve de tact et d'intégrité pour expliquer *pourquoi* vous essayez de l'inciter à agir d'une certaine manière. Vous devez être en mesure de dire honnêtement : *Je fais cela pour toi.* Si ce n'est pas le cas, alors *je le fais pour nous tous.* Vous savez que vous êtes dans les bas-fonds si tout ce que vous pouvez dire est : *Je fais ça pour moi.* Si c'est le cas, quelque chose a mal tourné dans vos efforts.

Des exemples brillants - Choisir un état d'esprit

En 2013, Auvinen et al. du département de psychologie de l'université de Jyväskylä en Finlande, ont mené une recherche importante sur la façon dont les leaders pouvaient éviter les techniques de contrôle sombre. Ils ont examiné comment les messages durs ou difficiles peuvent être employés par des moyens doux, comme les récits et les interactions collégiales en équipe.

Au centre de leurs conclusions se trouvait le PDG, qui utilisait régulièrement des anecdotes pour motiver ses collègues. À un moment difficile du développement d'un produit, il leur a raconté l'histoire (fictive) d'une usine de voitures aux débuts de l'industrie automobile. L'usine était remplie de diverses études expérimentales basées sur différentes technologies de carburant, du cheval à la pédale. L'usine a brûlé, et il ne restait qu'un seul prototype ; les ouvriers ont donc dû développer cette voiture. Il se trouve que c'est le modèle à essence qui est resté, et leur invention a connu un succès mondial.

Le récit humoristique du PDG a permis à son équipe de se recentrer. Le message était clair pour ceux qui l'écoutaient attentivement : il fallait oublier les tergiversations et s'atteler à l'essentiel, à savoir sélectionner un prototype capable de décoller. Il aurait pu utiliser d'autres moyens pour faire passer son message, y compris une tirade qui les menaçait tous de licenciement, par exemple. Mais il a choisi quelque chose d'un peu plus encourageant et réconfortant.

Dans cette optique, j'aimerais vous raconter l'histoire d'un jeune homme que je connais, que nous appellerons C. Je le connais depuis avant que sa carrière de metteur en scène de théâtre et de cinéma ne décolle. Au début de sa carrière, il souffrait d'un manque de confiance en lui presque insurmontable. Pour contrer cela dans la salle de répétition, il aboyait souvent des instructions et jouait au dur. Il s'emportait, criait et dominait. Pour gagner des alliés, il montait les acteurs les uns contre les autres, les poussant à commérer et à médire librement. Il n'était pas non plus à l'abri de la tromperie, notamment lorsqu'il s'agissait de vanter les mérites de l'émission et d'attirer les découvreurs de talents qui pourraient être présents pour la voir.

Inutile de dire que son comportement lui valait très peu d'amis. L'environnement des répétitions était assez toxique et ses productions manquaient toujours de l'étincelle nécessaire pour les élever au niveau supérieur. Il est venu me voir pour me demander conseil, et je lui ai donné. En me basant sur les secrets que j'avais appris dans les salles de conseil du monde entier, je lui ai enseigné les avantages d'un leadership éthique.

Oui, c'est ça, il a dit. *De jolies idées. Elles ne fonctionnent pas dans le monde réel.*

Je l'ai exhorté à écouter la voix de l'expérience et à faire confiance aux preuves de la réussite des autres. Essayez, lui ai-je conseillé.

Il a eu son opportunité peu de temps après. Il mettait en scène une pièce de Shakespeare - expérimentale et non sexiste - dans un minuscule théâtre au fond de l'au-delà. Les répétitions s'étaient bien déroulées et il avait gardé son calme, poussé plutôt que contraint. Pendant ce temps, il avait gagné un cercle de confiance, et les résultats portaient quelques modestes fruits sur scène. Le spectacle pourrait vraiment être un succès, pensait C. Puis vint la première nuit, et une véritable tempête faisait rage à l'extérieur. Quelques minutes avant le lever du rideau, il n'y avait que deux personnes dans l'auditorium.

Désespérés, les acteurs ont refusé de monter sur scène. *Ce sera humiliant,* disent-ils. De plus, le régisseur a fait remarquer que, selon les règles du travail et du syndicat, la représentation ne pouvait avoir lieu si le public était plus nombreux que les acteurs.

C s'est assis avec ses acteurs en cercle sur le sol de la loge. *Je vais être honnête avec vous,* a-t-il dit clairement et lentement, en les regardant dans les yeux un par un. *Je veux que vous fassiez ce spectacle ce soir. Je veux vous convaincre que vous devez le faire.* Il avait le sentiment que, s'ils ne montaient pas sur scène ce soir-là, ils ne le feraient peut-être plus ; ils perdraient la motivation et l'envie de le faire, cherchant d'autres excuses pour annuler.

Tout d'abord, il a écouté patiemment ce que les acteurs avaient à dire, et a pris à bras le corps toutes les critiques qu'ils avaient pu formuler au sujet du mauvais marketing et de leur sentiment d'avoir été déçus. Il a répondu à leurs plaintes de manière calme et constructive, et leur a expliqué les raisons pour lesquelles il pensait qu'ils devaient jouer. Il a énuméré les efforts fournis par chacun d'entre eux - de la star au porteur de lance - et les a amusés avec des anecdotes amusantes sur leurs mésaventures et leurs triomphes pendant les répétitions. Il a donné une évaluation honnête mais positive de leurs performances individuelles. Il a dit à la première interprète du spectacle : "*Vous avez travaillé si dur pour réussir le pentamètre iambique. Ne gâchez pas tout.*

Il leur a également rappelé que certaines personnes avaient bravé le vent et la pluie pour venir voir la pièce. Quel genre d'artiste professionnel laisse tomber son public, aussi petit soit-il ? Dans l'ensemble, il les a exhortés à ne pas abandonner. *Vous le devez à ce couple et vous le devez à vous-mêmes.*

Avec un sens presque shakespearien de la rhétorique, de la répétition et de la cadence entraînante, C a fait avancer sa troupe, les enthousiasmant et les motivant tous. C'était certes de la manipulation, mais éthique avec un objectif admirable en vue. C'est ce qu'on pourrait appeler une gestion d'équipe experte.

En guise de coda ou d'épilogue à cette histoire : ces deux personnes dans le public ont fait une ovation. Plus que cela, ils étaient des critiques et leurs critiques étaient extatiques. Des salles pleines ont suivi pour le reste de la tournée, et plusieurs carrières ont été lancées ce soir-là !

Atteindre les hautes terres ensoleillées

Pour moi, cette étude de cas est puissante, divertissante et nous rappelle que le leadership peut se transformer et venir vraiment du cœur. Il n'en est pas moins efficace pour autant. C'est ce dont j'ai parlé tout au long de cet important chapitre : vous pouvez adopter des pratiques éthiques de manière équitable tout en évitant l'obscurité et réaliser de grandes choses.

Je veux que vous sachiez qu'il est possible de gagner équitablement.

CONCLUSION

Vous êtes venu lire ce livre pour satisfaire votre curiosité et mieux comprendre cette question lancinante : pourquoi certaines personnes réussissent-elles à obtenir ce qu'elles veulent ?

Vous avez eu envie de lire cette étude détaillée de la psychologie noire et de la manipulation en raison de ce que vous êtes. Au centre de vos pensées se trouvait l'énigme suivante : *comment puis-je m'épanouir moi aussi ?* En effet, motivé par vos efforts d'auto-amélioration, vous avez toujours voulu le meilleur pour vous-même afin de fonctionner plus efficacement, tout en restant équitable, sur votre lieu de travail, à la maison et dans votre environnement social.

C'est pourquoi vous vous êtes tourné vers mon livre, qui s'appuie sur mon expérience de psychologue et de praticien de l'auto-assistance.

À présent, je suis persuadé que vous savez que vous avez fait le bon choix. J'ai promis au début de ce livre de vous aider à changer votre façon de voir les choses et de vous proposer un nouveau mode de fonctionnement, plus solide et plus sûr. Pouvez-vous déjà en ressentir les bienfaits ? Quel voyage nous avons fait ensemble, et en grande partie sans jargon ! J'ai fait de mon mieux pour que les explications de ce livre soient rédigées en termes simples plutôt qu'en langage technique déroutant, pour votre confort.

En regardant par-dessus votre épaule et en voyant ce que vous lisez, les gens ont peut-être froncé le nez et vous ont interpellé. Ils peuvent penser qu'il s'agit d'un sujet désagréable et qu'il n'est certainement pas fait pour les âmes sensibles, comme je l'ai dit. *Pourquoi voulez-vous aller là-bas ?* pourraient-ils demander. *Ce genre de choses est effrayant.*

C'est certainement le cas, mais ce n'est pas une excuse pour se défiler. Seule l'exploration nous permet de découvrir les outils dont nous avons besoin pour survivre et prospérer. Les dramaturges, les philosophes et les spiritualistes se demandent tous depuis des millénaires *ce qui définit le mal humain*. C'est le travail des psychologues comme moi de faire savoir à tout le monde qu'il ne sert à rien de dépeindre les gens mauvais comme des méchants de dessins animés, puis de courir derrière le canapé pour les éviter. La question de suivi devrait toujours être : *comment peut-on contrer le mal* ? Si nous comprenons les ténèbres - les mauvaises pensées, les mauvais sentiments et les mauvaises inclinations - au lieu de détourner le regard, nous pouvons combattre tout ce qui cherche à nous miner en tant que société.

Il est certain que les recherches de Paulhus, qui ont porté sur les tendances au comportement obscur et sur les raisons pour lesquelles certaines figures d'autorité pouvaient abuser de leur position, ont été utilisées avec beaucoup d'efficacité par les autorités civiles et militaires. Ses études sur la psychologie noire ont activement contribué à identifier, au stade du recrutement, certains individus prédisposés à rechercher des emplois où ils auraient le contrôle d'individus vulnérables et chercheraient à exploiter cela.

De même, les conclusions de Zettler sur le facteur D ont fourni une cartographie qui pourrait nous rapprocher de l'arrêt des extrêmes plus violents de la triade des comportements sombres. Les personnes ayant un facteur D élevé opèrent de manière cachée, bien que techniquement toujours à la vue de tous. Ce sont des individus qui fonctionnent encore dans la société, et le facteur D peut nous aider à identifier, avant qu'il ne soit trop tard, ceux d'entre eux qui pourraient être tentés d'intensifier leurs crimes.

Il ne fait aucun doute que l'adoption d'une recherche rigoureuse peut nous permettre de susciter des innovations dans la compréhension de la psychologie qui amélioreront la façon dont nous prévenons les comportements nuisibles et imprudents. Cela ne peut être qu'une étape positive, n'est-ce pas ?

Je suis sûr que vous le savez. Après tout, vous avez regardé hardiment vers l'inconnu, sans avoir peur d'écouter ce qui doit être entendu.

Ensemble, nous avons exploré la nature humaine et ses recoins sombres. Nous avons discuté du concept de personnalités sombres et vu un certain nombre d'études de cas, en nous interrogeant sur les différences entre le bien et le mal. Nous nous sommes rendu compte que la manipulation est partout - dans les livres que nous lisons, les émissions de télévision que nous regardons et les horreurs que nous entendons aux informations. Vous devriez maintenant disposer des informations dont vous avez besoin pour vous protéger et vous préparer.

Vous avez peut-être identifié que vous fréquentez des manipulateurs. Si c'est le cas, je vous ai également donné les outils pour identifier leurs techniques et les surmonter.

Peut-être que la lecture de ce livre vous a permis de reconnaître des traits sombres dans votre propre personnalité, ce qui est formidable ! Maintenant, vous êtes également équipé pour affronter ces caractéristiques et chercher l'aide dont vous avez besoin pour faire quelque chose de positif de vos impulsions. Je vous ai montré qu'il y a à la fois la vérité et la tromperie en chacun de nous. La nature humaine est si nuancée et profonde qu'elle peut entretenir des contradictions. Pour paraphraser le magnifique poète Walt Whitman, *nous sommes grands, nous contenons des multitudes.*

Au centre de cet esprit complexe qui est le nôtre se trouve l'idée que le libre arbitre est primordial. Cela signifie que vous pouvez décider de vous comporter de manière éthique, indépendamment de l'influence ou de la coercition d'autres personnes. Vous pouvez le faire si vous vous donnez la peine. À l'aide d'exemples factuels et d'un sens de la perspective, je vous ai donné les connaissances dont vous avez besoin pour vous élever. C'est à vous de décider comment utiliser ce pouvoir.

Peut-être que vous regardez nos dirigeants politiques égocentriques, nos célébrités et nos CEOS et que vous aspirez à quelque chose d'autre - une façon d'être différent. Peut-être en avez-vous assez de voir les méfaits et la malveillance récompensés. Ce livre vous a appris que le mal ne prospère pas toujours aux dépens du bien.

Non seulement l'art sombre de la manipulation exploitante peut être évité, mais il est possible d'adopter une approche éthique pour influencer les autres, ce qui est une excellente nouvelle. Il y a ceux qui s'en prennent aux autres, et il y a ceux - plus justes, plus conscients d'eux-mêmes et plus objectifs - qui veulent sincèrement aider le plus grand nombre. Ces souffleurs, comme je les appelle, sont conscients du fonctionnement de la manipulation de masse et de la micromanipulation. Cependant, ils sont trop intelligents pour tomber dans ce piège, et trop éthiques pour utiliser eux-mêmes ces techniques à des fins égoïstes. Ils nous encouragent tous à progresser de ce qui est vers ce qui pourrait être.

C'est ainsi que l'on peut éviter les ombres noires et profiter de la lumière. Nous pouvons tous le faire si nous le voulons.

Je vous remercie de m'avoir permis de partager ces réflexions avec vous. S'il y a une chose que j'aimerais particulièrement que vous reteniez de ce livre, c'est que vous pouvez créer et sculpter la nature de votre propre succès. C'est parce que c'est à *vous de* façonner votre état d'esprit. Alors, avancez dans la nuit, brillez longtemps, et votre influence sur les autres sera profonde.

RESSOURCES

Adam, D. (2019, March 12). Does a dark triad of personality traits make you more successful? *Science.* https://www.sciencemag.org/news/2019/03/does-dark-triad-personality-traits-make-you-more-successful

Allers, R. & Minkoff, R. (1994). *The Lion King.* [Motion picture]. Disney.

Arabi, S. (2019, November 1). Recovering from a narcissist. *Psychcentral.* https://blogs.psychcentral.com/recovering-narcissist/2019/10/5-terrifying-ways-narcissists-and-psychopaths-manufacture-chaos-provoke-and-manipulate-you/

Arabi, S. (2016, May 12) The love story of a narcissist and his victim. *Thought Catalog.* https://thoughtcatalog.com/shahida-arabi/2016/05/the-love-story-of-a-narcissist-and-his-victim/

Arabi, S. (2019, April 4). 20 diversion tactics highly manipulative narcissists, sociopaths and psychopaths use to silence you. *Thought Catalog.* https://thoughtcatalog.com/shahida-arabi/2016/06/20-diversion-tactics-highly-manipulative-narcissists-sociopaths-and-psychopaths-use-to-silence-you/

Aristotle. (1943). *The Nicomachean Ethics* (H. Rackham, trans.). Basil Blackwell & Mott. (Original work written 340 BCE).

Auvinen, T., Lämsä, A. M., Sintonen, T., & Takala, T. (2013, August 1). Leadership manipulation and ethics in storytelling. *Journal of Business Ethics.* https://www.researchgate.net/publication/257541869_Leadership_Manipulation_and_Ethics_in_Storytelling/citation/download

Bacon, F. (2012) Meditationes sacrae. In *Wikisource.* https://en.wikisource.org/wiki/Meditationes_sacrae (Originally published 1597).

Bariso, J. (2016, August 23). 10 ways manipulators use emotional intelligence for evil (and how to fight back). *Inc.* https://www.inc.com/justin-bariso/10-ways-manipulators-use-emotional-intelligence-for-evil-and-how-to-fight-back.html

Brenner, A. (2016, October 27). 9 classic traits of manipulative people. *Psychology Today.* https://www.psychologytoday.com/us/blog/in-flux/201610/9-classic-traits-manipulative-people

Brown, F. (2019, December 19) Investigation finds '88% of Tory ads misleading compared to 0% for labour. *Metro.* https://metro.co.uk/2019/12/10/investigation-finds-88-tory-ads-misleading-compared-0-labour-11651802/

Brown, L. (2018, June 12). 10 disturbing signs of emotional manipulation that people are missing. *Ideapod.* https://ideapod.com/signs-emotional-manipulation/

Burke, E. (1790). Reflections on the revolution in France. *McMaster University Archives.* https://socialsciences.mcmaster.ca/econ/ugcm/3ll3/burke/revfrance.pdf

Bussing, K. (2020). 13 signs you're dealing with a psychopath. *Reader's Digest.* https://www.rd.com/health/conditions/signs-of-a-psychopath/page/2/

Carver, J. (2018, October 15). Personality disorders. *Mental Health Matters*. https://mental-health-matters.com/personality-disorders-controllers-abusers-manipulators-users-relationships/

Chinn, K. A. (2017, September 7) Can manipulation be used in a positive way? *Go1*. https://www.go1.com/blog/post-can-use-manipulation-good

Chivers, T. (2017, August 26). How to spot a psychopath. *The Daily Telegraph*. https://www.telegraph.co.uk/books/non-fiction/spot-psychopath/

Chung, K. (2017, October). The dark triad. *Edinburgh Napier University*. https://www.napier.ac.uk/~/media/worktribe/output-1031400/the-dark-triad-examining-judgement-accuracy-the-role-of-vulnerability-and-linguistic.pdf

Coons, C., & Weber, M. (2014, August). Manipulation: Theory and practice. *Oxford Scholarship Online*. https://www.oxfordscholarship.com/view/10.1093/acprof:oso/9780199338207.001.0001/acprof-9780199338207

Coughlan, S. (2018, June 26). Narcissists 'irritating but successful.' *BBC News*. https://www.bbc.com/news/education-44601198

Cukor, G. (1944). *Gaslight*. [Motion picture]. MGM.

Davies, J. (2017, April 5). 20 most common manipulation techniques used by predators. *Learning Mind*. https://www.learning-mind.com/manipulation-techniques/

Demosthenes. (n.d.). Public Quotes. http://publicquotes.com/quote/20328/every-advantage-in-the-past-is-judged-in-the-light-of-the-final-issue.html

Depression Alliance Staff (2018). Famous narcissists. *Depression Alliance*. https://www.depressionalliance.org/famous-narcissists/

Dick, P. K. (2002). Minority report. *Citadel Press Books*. https://d3gxp3iknbs7bs.cloudfront.net/attachments/42055afc4cb3e9c1ed90f1da5a9dd42c9754c9ca.pdf

Dockrill, P. (2018, September 27). Scientists have identified the driving force behind all your darkest impulses. *Science Alert*. https://www.sciencealert.com/scientists-identified-driving-force-behind-all-your-darkest-impulses-personality-traits-triad-psychopathy-narcissism-machiavellianism

Dodgson, L. (2017, July 7). Here's why CEOs often have the traits of a psychopath. *Business Insider*. https://www.businessinsider.com/ceos-often-have-psychopathic-traits-2017-7?r=US&IR=T

Dodgson, L. (2018, June 26). Narcissists are actually really successful, research finds. *Inc*. https://www.inc.com/business-insider/narcissists-more-successful-research-psychology.html

Dodgson, L. (2018, August 6). The 4 types of people narcissists are attracted to, according to a psychotherapist. *Insider*. https://www.insider.com/the-types-of-people-narcissists-are-attracted-to-2018-8

Du Maurier, G. (2009). *Trilby* (E. Showalter, Ed.). Oxford Classics.

Eddy, B. (2018, August 1). 3 steps to identifying a narcissist. *Psychology Today*. https://www.psychologytoday.com/us/blog/5-types-people-who-can-ruin-your-life/201808/3-steps-identifying-narcissist

Elder, L., & Paul, R. (2004). Fallacies: The art of mental trickery and manipulation. *The Foundation for Critical Thinking*. https://www.criticalthinking.org/files/SAM-Fallacies1.pdf

Ellis, B.E. (1991). *American Psycho*. Picador.

Enderle, R. (2017, June). The art of manipulation and misdirection. *TechNewsWorld*. https://www.technewsworld.com/story/84616.html

Eyal, N. (2012, July 2). The art of manipulation. *Forbes*. https://www.forbes.com/sites/nireyal/2012/07/02/the-art-of-manipulation/#2fa6793d5009

Flippin, W. E., Jr. (2012, April 6). Ubuntu: Applying African philosophy in building community. *Huffington Post*. https://www.huffpost.com/entry/ubuntu-applying-african-p_b_1243904

Garvey, J. & Stangroom, J. (2008). *The greatest philosophers*. Capella.

Ginsberg, L. & Huddleston, T., Jr. (2019, March). The psychology of deception. *CNBC*. https://www.cnbc.com/2019/03/20/hbos-the-inventor-how-elizabeth-holmes-fooled-people-about-theranos.html

Grayling, A. C. (2009, November 25). The art of manipulation: When people become mere pawns in a game. *The Independent*. https://www.independent.co.uk/voices/commentators/a-c-grayling-the-art-of-manipulation-when-people-become-mere-pawns-in-a-game-1820853.html

Hanson, E. (n.d.). Kant, Immanuel: Radical evil. *Internet Encyclopedia of Philosophy*. https://www.iep.utm.edu/rad-evil/

Hilbig, B. E., Moshagen, M., & Zettler, I. (2018). What is D? *D: The Dark Factor of Personality*. https://www.darkfactor.org/

Hill, R. (2015, March 2). How to manipulate people: Expert manipulation techniques. *Psychologium*. https://www.psychologium.com/7-ways-to-manipulate-someone-to-do-anything-you-want/

Hirstein, W. (2017, June 8). 9 clues you may be dealing with a psychopath. *Psychology Today*. https://www.psychologytoday.com/us/blog/mindmelding/201706/9-clues-you-may-be-dealing-psychopath

Holland, K. (2018, February 2013). How to recognize the signs of emotional manipulation and what to do. *Healthline*. https://www.healthline.com/health/mental-health/emotional-manipulation

How to detect each of the 9 dark personality types recognized by psychologists. (2018, September 8). Code. https://www.lifecoachcode.com/2018/09/08/the-9-dark-personality-types-psychologists/

Jacobson, S. (2015, January 8). What is Machiavellianism in psychology? *Harley Therapy Counselling Blog*. https://www.harleytherapy.co.uk/counselling/machiavellianism-psychology.htm

Kane, S. (2018, October 8). How to recognize a psychopath. *PsychCentral.* https://psychcentral.com/lib/how-to-recognize-a-psychopath/

Kingsley, J. (n.d.) Styles of leadership — Do you motivate or manipulate? *Jeremy Kingsley.* http://jeremykingsley.com/styles-of-leadership-do-you-motivate-or-manipulate/

Kubrick, S. (1980). *The Shining.* [Motion picture]. The Producer Circle Company.

Lancer, D. (2018, December) Beware the dark triad. *PsychCentral.* https://psychcentral.com/lib/beware-of-the-dark-triad/

Le Bon, G. (2018). *Psychologie des foules* (G.Shinri, Ed). Kuro Savoir.

Lectures 1808-1819 on literature 2: 315. (n.d.). Shakespeare Navigators. https://shakespeare-navigators.com/othello/motiveless.html

Markarian, T. (n.d.) 15 of the most famous psychopaths in history. *Reader's Digest.* https://www.rd.com/culture/most-famous-psychopaths-in-history/

Machiavelli, N. (1981). *The Prince.* (G. Bull, Trans.). Penguin Classics.

Manipulation. (2019, March 26). Good Therapy. https://www.goodtherapy.org/blog/psychpedia/manipulation

Marlowe, C. (1990). *The Jew of Malta* (T.W. Craik, Ed.). New Mermaids.

Mcardle, R. (2018, January). Modern mind control: Public opinion manipulation in our online world. *Enigma.* https://www.usenix.org/node/208126

Murphy, B., Jr. (2015, December 7). 11 psychological tricks to manipulate people, ranked in order of pure evilness. *Inc.* https://www.inc.com/bill-murphy-jr/evil-psychological-tricks-to-manipulate-people.html

Noggle, R. (2018, March 30). The ethics of manipulation. *The Stanford Encyclopedia of Philosophy.* https://plato.stanford.edu/archives/sum2018/entries/ethics-manipulation

Nuccitelli, M. (2020) iPredator inc. DMCA take down policy. *iPredator.* https://www.ipredator.co/ipredator-inc-dmca-policy/

Orwell, G. (1987). *1984.* Penguin.

Personality traits in victims. (2020). The Sociopathic Style. https://sociopathicstyle.com/personality-traits-in-victims/

Phillips, T. (2019). *Joker.* [Motion picture]. Warner Bros. & DC Films.

Pinola, M. (2012, October 19). Three of the easiest ways to manipulating people into doing what you want. *Lifehacker.* https://lifehacker.com/three-of-the-easiest-ways-to-manipulate-people-into-doi-5953183

Psychology Behind. (2017, October 30). Psychology behind the art of manipulation. *Medium.* https://medium.com/@PsychBehind/psychology-behind-the-art-of-manipulation-d9e0bdd6d8d3

Rauthmann, J. F. & Kolar, G. P. (2012, November). How "dark" are the dark triad traits? Examining the perceived darkness of narcissism, Machiavellianism, and psychopathy. *Personality and Individual Differences, 53*(7), 884-889. https://doi.org/10.1016/j.paid.2012.06.020

Robson, D. (2015, January 20). Psychology: the man who studies everyday evil. *BBC Future*.https://www.bbc.com/future/article/20150130-the-man-who-studies-evil

Sălceanu, C. (2014). Personality factors and resistance to the manipulation of advertising. *Science Direct*. https://www.sciencedirect.com/science/article/pii/S1877042814022939

Sarkis, S. (2019, June 19). Know the "dark triad" to avoid workplace chaos. *Forbes*. https://www.forbes.com/sites/stephaniesarkis/2019/06/16/know-the-dark-triad-to-prevent-workplace-chaos/#587b7747555f

Seltzer, L. F., (2014, April 23). The vampire's bite: Victims of narcissists speak out. *Psychology Today*. https://www.psychologytoday.com/us/blog/evolution-the-self/201404/the-vampire-s-bite-victims-narcissists-speak-out

Shakespeare, W. (1984) *Othello* (M. R. Ridley, Ed.). The Arden Shakespeare.

Shakespeare, W. (1986) *Hamlet*. (H. Jenkins, Ed.). The Arden Shakespeare.

Shortsleeve, C. (2018, October). How to tell if someone is manipulating you — And what to do about it. *Time*. https://time.com/5411624/how-to-tell-if-being-manipulated/

Smith, D. (2019, June 2). The Steve Jobs guide to manipulating people and getting what you want. *Business Insider*. https://www.businessinsider.fr/us/steve-jobs-guide-to-getting-what-you-want-2016-10

Stieg, C. (2019, October 31). Narcissists are happier, tougher and less stressed, according to science. *CNBC*. https://www.cnbc.com/2019/10/31/study-narcissists-tend-to-be-happier-tougher-and-less-stressed.html

Stosny, S. (2008, August 26). Effects of emotional abuse. *Psychology Today*. https://www.psychologytoday.com/intl/blog/anger-in-the-age-entitlement/200808/effects-emotional-abuse-it-hurts-when-i-love

The dark triad: Narcissism, Machiavellianism and psychopathy. (2018, June). Exploring your mind. https://exploringyourmind.com/the-dark-triad-narcissism-machiavellianism-and-psychopathy/

The golden rule. (2020, February 16). In *Wikipedia*. https://en.wikipedia.org/wiki/Golden_Rule

The Mind Tools Content Team. (n.d.). Understanding the dark triad. *Mind Tools*. https://www.mindtools.com/pages/article/understanding-dark-triad.htm

Thomas, J (2019, June 6). The dark triad in the workplace: How to manage difficult personality types. *Toggl*. https://blog.toggl.com/dark-triad-in-the-workplace/

Throne, I. (2015, November 19). Seven terrifying dark triad men from history. *Dark Triad Man*. https://darktriadman.com/2015/11/19/seven-terrifying-dark-triad-men-history/

Tracy, N. (2012, July 24). Effects of emotional abuse on adults. *Healthy Place*. https://www.healthyplace.com/abuse/emotional-psychological-abuse/effects-of-emotional-abuse-on-adults

Tucker, A. (2013, January). Are babies born good? *Smithsonian Magazine.*
https://www.smithsonianmag.com/science-nature/are-babies-born-good-165443013/

Tucker, A. & Mildmay, Sir H. P. St. J. (1805) *The light of nature pursued.* Philosophy, 2.
https://books.google.je/books?id=4GorAAAAYAAJ&printsec=frontcover#v=onepage&q&f

University of Copenhagen. (2018, September 26). Scientists define the 'dark core of personality.' *Science Daily.*
https://www.sciencedaily.com/releases/2018/09/180926110841.htm

Vyasa, (1989). *Mahabharata* (C. Rajagopslschari, Trans.) Bharatiya Vidya Bhavan.

Weller, C. (2014, March 6). What's the difference between a sociopath and a psychopath? (Not much, but one might kill you). *Medical Daily.*
https://www.medicaldaily.com/whats-difference-between-sociopath-and-psychopath-not-much-one-might-kill-you-270694

West, D. (2016, Jun 23). How does Iago manipulate Othello? *Studymoose.*
https://studymoose.com/how-does-iago-manipulate-othello-essay

What is psychological manipulation? (2019, July). Band Back Together.
https://bandbacktogether.com/master-resource-links-2/abuse-resources/psychological-manipulation-resources/

Whitman, W. (1855). *Song of Myself.* Poets.org. https://poets.org/poem/song-myself-1-i-celebrate-myself

Yarrow, K. (2016, September 29). The science of how marketers and politicians manipulate us. *Money.* http://money.com/money/4511709/marketing-politicians-manipulation-psychology/

Zivaljevic, A. (n.d.) Positive manipulation theory. *Mix Prize.*
https://www.mixprize.org/sites/default/files/media/posts/documents/Positive%20%20Manipulation%20Theory.pdf

www.ingramcontent.com/pod-product-compliance
Lightning Source LLC
Chambersburg PA
CBHW071159120626
46546CB00006B/2343

* 9 7 8 1 9 5 8 1 6 6 1 6 1 *